新美育实践研究

于淑洁　杨怀靓　吴　蕾　著

吉林文史出版社

图书在版编目（CIP）数据

新美育实践研究 / 于淑洁, 杨怀靓, 吴蕾著. -- 长春 : 吉林文史出版社, 2023.9

ISBN 978-7-5472-9789-6

Ⅰ.①新… Ⅱ.①于… ②杨… ③吴… Ⅲ.①美育—研究 Ⅳ.①G40-014

中国国家版本馆CIP数据核字(2023)第193509号

新美育实践研究

XINMEIYU SHIJIAN YANJIU

著　　者：于淑洁　杨怀靓　吴蕾
责任编辑：高丹丹
封面设计：万典文化
出版发行：吉林文史出版社有限责任公司
电　　话：0431-81629369
地　　址：长春市福祉大路出版集团 A 座
邮　　编：130117
网　　址：www.jlws.com.cn
印　　厂：北京四海锦诚印刷技术有限公司
开　　本：170mm × 240mm　1/16
印　　张：11
字　　数：238 千字
版　　次：2023 年 9 月第 1 版 2024 年 4 月第 1 次印刷
书　　号：ISBN 978-7-5472-9789-6
定　　价：78.00 元

前　言

　　美育对塑造美好心灵具有重要作用，因此，加强美育工作很有必要。选择有时代特征的、经典的美育内容，对其进行系统化组织，有助于美育课程更好地实施，还有助于美育目标的顺利实现。由于美育课程内容涉及面较为广泛，处理不当易烦琐和零散，难以构成整体的认知印象，需要教师通过精心构思，使零散趋于集中，将分离的甚至对立的内容纳入一个统一体，通过寻找内在的联系，将看似互不关联的部分融为有机整体。如此，才能达成开放的、圆融的、可持续发展的、富于智慧、善于共生的人才培养目标。在美育课程的构建与实施中，美育课程内容起到重要的支撑作用，课程内容的选择决定了学生获得知识、能力、素质的方向。选择有时代性的、经典的和符合学生特点的美育内容，并对内容进行合理组织，才能有效地实现美育目标，促进学生审美素质的发展。

　　教育的重要意义就在于培养造就"自由和谐全面发展的人"。一个完整的人，从结构上说分为外在与内在两大部分。外在方面是身体的形态结构；内在方面是指心理的文化结构，包括智力结构、伦理道德结构和审美心理结构。在心理学上相对应的是知、情、意，在教育上相对应的是智育、德育和美育。德、智、体、美是一个统一的整体，通过开展美育可以以美促善，以美传真，以美启智，以美健体，以美愉心。

　　本书是美育方向的著作，首先从新美育与高校美育介绍入手，针对美育的定义与作用、新美育的相关探索、大学美育的原则与途径进行了分析研究；其次对美学与形式美、高校美育课程建设、高校公共美育课程、高校审美教育中学生审美素养的培育进行了介绍；最后，剖析了音乐艺术教育的美育培养途径、艺术美学与审美、高校舞蹈美育教育等内容。本书论述严谨，结构合理，条理清晰，内容丰富，对新美育实践研究有一定的借鉴意义。

　　本书由烟台科技学院于淑洁、河南工学院杨怀靓、唐山职业技术学院吴蕾共同撰写完成。具体分配如下：于淑洁撰写了第一章和第二章（共计7.2万字），杨怀靓撰写了第三章和第四章（共计12万字），吴蕾撰写了第五章（共计4.6万字）。于淑洁负责全书的统稿和修改。

目　录

第一章 新美育与高校美育

第一节　美育的定义与作用

一、美育的定义

从字面意思理解，美育就是审美教育，即对教授的对象进行美的教育，使其具有关于美的一般知识，能够发现、感受和创造美，亦能进行审美活动和审美体验。往更深层次探讨，美育是教育和自我教育的一种方式，是为了提高人的生存质量、培养和发展人的感性能力，目的是培养全面发展的人。美育的定义很多，权威辞书《辞海》对其定义是：美育，亦称审美教育或美感教育，是关于审美与创造美的教育。通过对艺术美、自然美、社会美的审美活动和理性的美学教育，使人们树立正确的审美观念，培养健康的审美趣味，提高对于美的欣赏力与创造力。

美育是一种情感教育，是通过对人的情感产生作用，从而陶冶人的情操的一种教育方式。美育是一种感性教育，是对人的生命本身进行塑造，使之更加完美合理的一种教育。

美育是一种趣味教育。"趣味"是一种辨别、选择、判断与享受审美对象的能力，是人在审美活动中所表现出来的一定心理定式。这与生活态度有直接联系，但不仅仅局限于审美活动中，它也是一种人生的教育。随着社会文化环境的变化，庸俗的文化现象屡见不鲜，而美育作为趣味教育的一部分，希望将人们的趣味引导到高雅上来，培养人们高尚的情操和健康的心理。

美育是一种人格教育。"人格"是指人的各种心理特征的综合，健康人格是一种完整的人格，具有整体性、协调性、创造性和情感性特征，是一个统一的、和谐的、具有协调能力、富有创造性和丰富情感内涵的自我有机体。偏向于人情感的美育在健康人格的塑造中起到不可忽视的作用，在感性和理性方面都促进了健康人格的形成，这是从人格教育方面进行解读，将美育的作用范围大大缩小。

综上所述，美育在陶冶人的情感、促进心理结构的合理化、提高思维能力和培养新型人才方面起着重要作用。具体解读，美育不是抽象的理性活动，而是具体的感性活动；实现美育的方式不是通过理论知识，而是通过具体的美好事物；实现美育的过程不是理性地辩证，而是通过对美好事物的欣赏。所以，美育是理性与感性相统一的教育，在美的对象和审美教育过程中，需要理性与感性相结合，才能对人的情操和人格起到教育作用。

二、美育的作用

席勒希望通过美育来塑造新的人文精神，弥补人性中的缺失，培养独立、理性的人从而解决政治问题，这对于 21 世纪的中国社会来说具有一定的借鉴意义。在早期的中国美学家眼中，美育可以提高人们的审美力，从而促进人各方面的协调发展，有助于崇高情感的培养。新的国家和民族意识、价值观念和行为方式的"新人"的塑造，健康向上的人格和良好的生存质量的养成，是推动社会健康发展的关键。

在梁启超看来，情感最容易打动人心，是有效的教育方法。情感教育，即美育，通过潜移默化的方式，慢慢地影响人，使人逐渐拥有高尚的趣味，将人的感性从迟钝麻木的状态中解救出来，变得生动而丰富。

王国维认为，文学艺术能够给予人精神上的慰藉，以高尚的情感来填补空虚和无聊，改变人们的精神面貌，从而改造国民的劣根性，有助于人格构成因素的整体培养，能够促进感性与理性的协调发展，逐过情感的提升恢复人格的完满，达到救亡图存的目的，振兴中国，复兴中华文化。

蔡元培在《对于教育方针之意见》中是这样评价美育的："美育者，神经系也，所以传导。"他还说："唯世界观及美育，鄙人尤所注重。"可以看出，蔡元培对于美育十分推崇，因为"纯粹之美育，所以陶养吾人之感情，使有高尚纯洁之习惯，而使人之我见，利己损人之私念，以渐消沮者也"。美育可以陶养情感，是培养高尚人格精神的必由之路，也是培养世界观教育最重要的途径。

鲁迅则认为，先进的思想可以通过文艺作品来传播，对国民的劣根性进行改造，激发国民潜在的能力，提高国民的内在素养。他的美育思想体现了时代特色的文化理想和追求，希望对国民进行思想启蒙和国民人格的塑造。

丰子恺、朱光潜、李泽厚等美学家则认为，人们通过审美教育，在审美过程中情感受到陶养，素质得到提高，心灵得到净化，促进个人全面自由地发展，且推进个体、家人和社会之间的和谐相处。

以美育来唤醒国民独立自主的意识，具有鲜明的时代特色和强烈的实践品格。

第二节　新美育的相关探讨

一、中国新美育的历史溯源

中国拥有五千年悠久的历史和文化，其中美育是伴随着人类的出现而逐渐发展、丰富起来的。美育思想在我国有深厚的传统，纵观我国美育思想的发展，不同历史时期教育家、哲学家的观点虽然存在差异，但是他们普遍认同一个事实：美育可以直表胸臆、陶冶情操、提高素养，在潜移默化中给人以情感上、性情上、道德情操上的感化作用，是完善人格的工具和手段。中国古代先贤一贯注重道德教育，特别注意美育在道德教育过程中的作用，认为美育具有陶冶性情、启迪智能、辅佐政道、教化风俗的独特功能。从西周开始，学校教育就开设"礼、乐、射、御、书、数"六艺教育，其中将"礼""乐"教育置于"六艺"教育之首，充分说明当时人们认识到了美育的重要性。以后历代的教育也比较重视美育，经过两千余年的美育实践和理论探索，形成了中国所特有的"诗"教、"礼"教的美育传统。不过，中国古代美育是从属于人伦文化的，具有重教化、守礼情、求中和、强调美与善统一的特性。

近代以来，美育作为教育的一种方式，尤其在注重人的精神陶冶、灵魂净化等方面所具有的特殊功能，无疑会被用来作为思想启蒙教育的有效形式。美学家们也走出了纯粹美学知识性研究的书斋，担当起精神导师角色，对人民大众进行思想启蒙，在这种新思潮、新文化运动的影响下，中国近代社会活动家则多从社会改革的角度形成其美学思想，并使这种思想服务于一定的社会政治目的。

蔡元培先生不仅大力倡导美育，阐明美育理论，并提出具体的美育实施方法，还亲自参与美育实践，在他的感召下许多知识分子积极参与到新美育运动中来。相对于传统的"美育"而言，蔡元培先生的新美学可以说是"启蒙美育"。近代以来的中国社会，社会启蒙以美育作为先声，美育也推动了社会启蒙。这就决定了美育曾肩负起启蒙的任务，这种美育与启蒙的纠缠和融汇已长达百年之久。但21世纪中国社会语境的新转变，却在悄然改变着美育曾有的社会功能。

如今，"告别启蒙范式"才能送别旧美育观，"回归生活世界"理应成为新美育观的基点。随着时代的发展，当今中国美学已经告别了"启蒙美学范式"而向"生活美学"迈进。

从"生活美学"这种新美学观来看，"生活美育"的社会目标就在于对"生活艺术家"的塑造，这正是新美育区别于"五四"运动以来美育的地方。"生活艺术家"就像艺术家创造艺术品那样去创造自己的生活。用更简约的话来说，"生活艺术家"是将人生作为艺术，而不是"为艺术而艺术"。

二、新美育探讨

（一）审美寻求人格完整

1. 人格的内涵和结构

人格是一个复杂的动态系统，构成人格的内在精神因素是无序的、繁杂的、多种多样的，但概括而言无外乎两大类：感性因素和理性因素。所谓感性因素，是指人的精神世界中那些混沌无序的精神形式，主要包括灵感、直觉、联想、想象等非逻辑、非条理化的思维认识能力以及意志、需要、动机、兴趣、意向、情感、信念、世界观等推动人们去认识和行动的精神力量。

所谓理性因素，是指人的精神世界中那些明晰有序的精神形式，它主要包括分析、判断、概括、综合、推理等逻辑思维形式及认识能力。

从理论意义上讲，构成人格的内在精神因素，完全可以自由地均衡发展，这意味着人格的完美和人的自由，比实际情况要复杂得多。虽然人格各要素在根本上是受同一种社会条件的影响，然而由于人格各要素在一定时间幅度内所接受（或受到）的外部刺激不一样，它们很难做到时时刻刻均衡发展。因此，人格结构发展不平衡是绝对的，平衡才是相对的。塑造完美的人格实际上是一种理想，一种对纯粹理想人格的回归。

2. 人格发展与审美需要

对个体而言，人在大多数场合下都不能以完美的人格出现，人总是根据自己特有的审美观在一定时间内追求美，力图在精神上呈现出和谐，在形式上呈现出美的光彩图景。人追求完美的进程，就是人格永无止境的发展过程。然而，人格发展的动因不在于说教，大自然不会因为人的劝告而改变万事万物的运动规律，它的唯一动因便是因果必然性。人的本性亦如此，没有必然性，就没有动力。人格极其保守，且根深蒂固，只有强烈的必然性才能激发它。

人作为感性生命的存在，天性中必有一种审美和爱美的最根本最普遍的倾向。马斯洛把这种倾向（或需要）称为"类似于本能的""它有着遍及全人种的定性"。但审美需要绝不等同于"本能需要"，它是一种超越性需要。这种超越性需要能引导人们从意志、欲望和外部真实世界的制约中解脱出来，通过审美获得一种既轻松自由，又深沉博大的快乐体验，心灵获得解放，精神获得自由，继而按照自然发展的态势，完成自己应当展现的过程。这就说明，人格发展必须依赖审美需要——只有在审美需要的推动下，人才能在与自然、艺术的朝夕摩挲中，超越心灵的一切束缚，实现对人格的精心呵护。我们常常批评现代人人格异化，物欲横流，缺乏审美情趣，殊不知，这种情况正是审美需要匮乏导致的结果。事实上，只有在这种生存状态下，人才能克服异化，实现人格的理想样式与现实状态的吻合。

3. 完整的人格与人生艺术化

马斯洛认为，在每一个人的心灵里都存在着"某种上帝般完美的可能性"，很多人因为自身的局限性而遮蔽或压抑了它。只有那些生命豁达幽默、澄澈清明，甚至有一种艺术感，人生与艺术一体化的人，才能使塑造完美的人格成为可能。他们对周围事物的美充满了惊讶、激动、沉醉、兴奋、入迷。他们对待人生的态度既超脱又投入，既俯视人生又执着地追求人生。他们的整个生命成为一种追求美、追求艺术、追求自我实现的自由过程。他们与艺术对话，与山川往来，与天地感应，与美游戏，享受空灵和愉悦。罗丹曾高度赞美古希腊人具有完整而自由的人格。希腊人的本性是把人生艺术化，把艺术与智慧相结合，他们既有丰满的形式，又有丰富的内容；既能从事哲学思索，又能创作艺术；既温柔，又充满力量。在他们身上，我们看到了想象的青年性和理性的成年性结合成的一种完美的人性。

（二）美育促进人格发展的心理分析

1. 美育着眼于人格构成因素的整体培养

美育是培养人有机的和整体的反应方式的教育，在促进人的精神因素协调发展方面有特殊的优越性。因为在审美活动中，主体能够把握到一种具有节奏性、平衡性和有机统一性的完整形式，这种形式积淀了人的情感和理想，具有特定的社会内容，所以同时作用于人的感知、想象、情感、理解等诸多种心理能力，使它们处于一种极其自由的和谐状态。在这种状态下，人的感性因素和理性因素得到最大限度的发挥，而不损害整体的有机统一。这样一种整体反应方式的教育，正是人格完善的基础训练和最佳途径。从人格的发展来看，人生而具有整体方式的反应能力，在每一个正常人的儿童期都可以明显地观察到这种能力的萌芽状态，一种游戏状态，一种将外物人格化，一种以机体之整体与外界环境之整体达到结构上的同形或对应的注意机制。这种原始的交流反应方式虽然不等同于审美方式，但已经是它的雏形和萌芽。然而随着个体年龄的增长到了前青春期和青春期，随着逻辑自我、道德自我、实现自我的迅速发展，儿童开始形成一种拆散、分解或打碎他开始时获得的那种整体知觉形象能力，总是喜欢将其中的各个构成成分分离开来加以比较和联系，从而形成一种比较抽象的思想或概念。儿童心理发生的这种变化无疑会影响他们原始的那种整体反应方式，使它减弱、衰退或消失。而在这一阶段，如果通过美育加强对儿童审美感受力的培养，就会把他们那种原始的整体反应方式保存下来，使它丰富、发展和完善。

2. 美育可以促进人的感性与理性协调发展

完整人格的建构不仅需要理性的参与，也需要感性的加入，更需要两者的有机整合。美育作为情感教育在感性中积淀着理性，具有感性与理性的交融性，它是沟通感性和理性的"桥梁"。从哲学意义上讲，美是感性和理性的统一。美育的目的就在于尽可能地培养人的感性和理性达到整体和谐，使理性在人的人格中树立起来。美育是特殊渗透着理性的感性教育。一方面，它使人的感性理性化，避免了感性过分宣泄导致的物化和蜕化；另一方面，它使人的理性感性化，避免了理性过度膨胀导致的非理性化。感性因为有了理性的支撑而显得坚实、挺拔，理性因为得到了感性的滋润而显得充实、丰厚。事实上，一个长期执迷于感性享受的人，通过阅读诗歌、欣赏绘画、聆听音乐、融入自然，可以净化心灵，陶冶情操，提升境界，将本能的感性欲望上升为理性的精神需求；而一个理性过度膨胀的人，则可以通过审美活动来恢复感觉的敏锐性、知觉的整体性和心灵的丰富性。显然，美育对人的培养不是通过说理与灌输使受教育者建立某种道德规范，排除个人欲念和功利，而是通过陶冶性情、净化情感，使外在的"他律"转化为内在的"自律"，使主体的目的性符合最高的善。这种陶冶和净化，不是靠理性压抑、排除感性，而是保留、调节感性，洗涤、净化感性情感中的个人欲念、功利，使社会性渗入个体，理性渗入感性，从而产生高尚的情感和意志。而这种情感和意志的形成和发展，正意味着人格的完整。

3. 美育通过情感的提升恢复人格的完满

美育是一种情感教育，它的作用就在于使人的情感和本能冲动通过正常的发泄和引导，成为人格高尚化的动力。审美是心灵的自由运动。在审美活动中，主体摆脱了功利和实用目的，完全倾注于审美对象的关照中，身心充分解放，精神自由驰骋，感知、想象、理解、情感等多种心理因素共同作用，必然使主体产生一种由衷的喜悦，即审美愉快。这是一种超脱了任何利害关系、对对象无所欲求的快感，是一种在感性中积淀理性的精神愉悦，是一种特殊的审美情感。

（三）美育塑造完美

美育的终极目标就在于塑造完美的人格，完美人格的塑造过程是审美心理结构的建构过程。从受教育者的角度看，这一过程主要包括输入审美信息、进入审美状态、出现审美超越、实现审美积淀四个环节。

1. 输入审美信息

这是美育的开端，或者说是美育的起始阶段。在这一阶段，教育者运用各种美的信息、对象或规律，有目的、有计划地刺激受教育者，使其从日常的感知中脱离出来，保持一种"齐生死、忘得失、泯是非"的审美心境和一种无功利、无实用目的"超以象外"的审美态度，逐渐把注意力集中或停留在审美对象的线条、形状、色彩、明暗、质感、音调、节奏、旋律等形式美的本身，感觉和知觉充分享受这些形式美的内容，各种心理因素如情感、想象、联想、理解等逐步被唤醒、激活，主体的整个心理机制进入一种融合众多复杂因素的特殊的审美注意状态。

2. 进入审美状态

审美注意的出现，预示着审美欲望的初步满足，这种满足既包含对客体本身形式美的陶醉，又孕育着新的审美欲望。受新的审美欲望的驱使，主体的感觉、知觉完全倾注于审美对象，使审美对象在主体意识中形成一个富有生气和活力的知觉整体，在朦胧的直观中感悟到审美对象蕴含的某种意味，从而获得初步的审美愉悦，即"悦耳悦目"。审美愉快的出现，标志着审美情感的产生、审美高潮的来临和主体进入真正的审美状态。感性形式的初步直观后，审美过程并未中止，主体对审美对象继续审视、观照和领悟。这时，主体的情感、想象、理解等心理因素处于高度兴奋状态。想象受理解的规范和限定，理解受想象的牵引和拉动，主体趋向于反复感知，进一步加深对审美对象的理解，达到对审美对象蕴含内容、意味的准确把握和领会，从而获得高层次的审美愉悦，即"悦心悦意"。

3. 出现审美超越

审美超越是美育塑造人格的关键阶段。通过审美直观和领悟产生精神愉悦，只能在浅层次上维护人格。主体只有在此基础上产生审美超越，才能称为真正意义上的审美教育，从而实现对人格的精心呵护。审美超越主要有两种形式：一种是对象之被超越，另一种是自我之被超越。主体产生审美愉悦后，如果不能达到与审美对象的"感会"和交流，审美过程就会就此中止，进入审美评价；主体如果适时强化审美情感，就会出现一种心物感应、物我交流的高峰体验。审美对象无比巨大的形式力量，会使主体感受到一种压抑和阻遏，产生自卑、渺小、平庸等心理体验，从而牵动主体的人格力量产生一种战胜和超越审美对象的激越奋进之情，这就是对象之被超越。它的倾向是在矛盾激荡的情感中去摆脱、克服、净化那些消极的心理因素，从而向上飞跃、升腾，达到自我人格力量的高扬，情感的激越兴起。自我之被超越，是美育过程的巅峰境界。它是精神享受对功利欲求的超越，是个体生命对社会压力的超越，是人对自身局限性的超越。人有求美、求善、求生的本能，企求超越功利，不计得失，超越局限，走入无限，超越生死，求得永恒。主体只有在走向审美、走向广袤无际的大自然，并与之融为一体时才能实现这种高层次的精神追求，暂时摆脱人的悲剧性命运，达到自我、生命、人格的永垂不朽。这种人与自然的融合，正是自我之被超越的巅峰状态。在这里，没有感性对生命的局限，没有伦理对人格的强制，心灵往来于一个纯净的世界，精神趋于自由，人格趋于完美。

4. 实现审美积淀

随着审美高潮的结束，美育过程便进入尾声，审美愉悦和审美超越开始衰竭，主体从沉醉中逐步苏醒，起始阶段中断了的日常意识即将恢复。随着精神领域理性的增强，主体开始反思令他沉醉的审美对象，以特定的审美标准对对象的美作出评价，这正意味着美育过程的终结。美育过程的反复出现，产生的直接效应就是审美意识的一次次积淀、纯化和更高层次的生成，审美经验日益丰富，带有个性特色的审美观念、审美理想、审美倾向和审美习惯渐渐形成，发现美、欣赏美、创造美的能力不断加强，逐步形成较为稳固的、持久的心理定式，建构起日益完善的审美心理结构，并内化为全面提升了的审美素质，这就是我们所说的完美人格的形成。

三、"生活美育"观

（一）作为"文化教育"的生活美育

"生活美育"不仅是艺术教育，而且是一种以文化为核心的"大美育"，当然，这并不否定艺术教育在"生活美育"中已占据的地位。从蔡元培时代开始，"学校美育""家庭美育"与"社会美育"就被划分开来，但是蔡元培早已意识到："美育之道，不达到市乡悉为美化，虽学校、家庭尽力推行，而它所受环境之恶影响，终为阻力，故不可不以美化市乡为最重要之工作也。"这其实看到了美育得以实施的最重要场所，也是最容易塑造人的环境之域，那就是城市乡村而非学校家庭。蔡元培呼吁，在专设美术馆、音乐会、影剧院、博物馆的机关之外，还要有道路、建筑、公园、名胜等所谓"地方的美化"。但这些空间的美化还远远不够，关键在于需要倡导一种杜威意义上的"日常生活的环境主义"。审美的人通过身心投入与周遭生活环境之间形成一种互动的关联，这种互动的中介已不囿于传统美术馆内的画作与音乐厅内的音乐，而是植入每个人日常生活中的"审美文化"。当今这个审美泛化的时代，为这种指向生活的"文化教育"提供了最为广阔的时空，从影视媒体到互联网络上的审美文化品，都可以成为"文化美育"的重要对象。

（二）作为"自我教育"的生活美育

"生活美育"不再是来自他人的教育，而是强调进行自我教育的"大美育"。

这种自我化教育，并不是画地为牢成为"宅男宅女"式的封闭教育，而是走向一种开放与对话的"平等式教育"。人人都是美育的教师，与此同时，人人也都是美育的学生。过去在学校、家庭与社会的美育，总是执着于一种"园丁教育模式"，美育似乎是为了培养学生而特设的，美育的发出者与执行者总是占据教育者的地位，而生活中的人们则始终处于被教育者位置。这种"自上而下"的教育方式，从"生活美育"的角度来看已经过时了，理应倡导一种更为生活化的"对话教育模式"。这种美育模式强调过去那种"对立二元之间的联系和对话"，即使在学校教育内部，它也不仅强调教师与学生、学生与学生、学生与自然、主课和副课、课内与课外、学校与社区、东方文化与西方文化等联系和对话，还强调人文意识与科学意识、人文学科与科学学科之间的对话和相互生成。如果这种"对话教育模式"真能实现的话，那么不仅学校美育可以直接向生活世界开放，而且每个接受这种教育的人都会直接面对生活进行自我教育。在进入社会与回到家庭之后，每个公民也能身兼美育的教师与学生的"双职"。"生活美育"强调的并不是从教育者或者教育机构那里获得什么，而是倾向于肯定每个个体能从当今审美文化中获得自己的审美提升，就像今天拥有iPad的人士可以下载网络钢琴进行演奏、下载网络谱曲器进行编曲、下载美术馆网站的图片欣赏绘画一样，"生活美育"就是这样一种身边的教育与自我的培育。

（三）作为"终身教育"的生活美育

"生活美育"不是短期教育，而是要经历"终身学习"的漫长过程的"大美育"。蔡元培早已看到"学校美育"的缺陷："学生不是常在学校的，又有许多已离开学校的人，不能不给他们一种美育的机会。"生活中的每个人，究竟如何才能使"生活美育"贯彻终身呢？每个学生都要离开学校，有的人还可能失去家庭，但是每个人都是"社会的人"与"文化的人"。人不可能脱离社会而存在，文化也几乎是相伴于人的一生而存在的。所以说，"生活美育"之所以强调它是"终身教育"，就是因为生活对于每个人而言都是由始至终的，审美作为生活的构成要素在其中扮演了重要角色，而"生活美育"由此必定是一种毕生的教育。在这个日常生活越来越趋于"审美泛化"的时代，审美化的文化为人们终身获得美育提供了基本条件，关键就在于新的美育方式是否已经开始将人们塑造成自愿获得"文化教育""自我教育"与"终身教育"的人。

四、新美育的实现

作为一个实践性的问题，"做什么"不仅规范着美育本身的现实存在维度，同时制约着美育功能的价值实现。当然，这也是一个可以反过来提出的问题，即学校美育不做什么？这是一个看似清楚、实际却并非简单的问题。事实上，在学校美育的各种现行实践中，美育之"育"往往被无限放大，似乎无所不在且可以包打天下。例如把美育的"审美育人"导向直接嫁接在道德教育的规训效果上，不仅混淆了审美养成与道德规训之间的实践性差异，也在具体功能层面异化了审美活动的人性指向，异化了审美教育内在的精神滋养和引导作用。又或者把"美育"简化为"艺术教育"，技术性地割裂了指向"成人"目标的美育整体性，使之碎片化为各个缺少内在目标性关联的"教育孤岛"。例如，以美术教育、音乐教育、舞蹈教育、文学教育、书法教育等作为学校美育"育人"的实现，甚至以各种技艺性的艺术训练置换美育本身的"成人"目标。这一现实情况的存在，其实已经混淆了美育本体和美育功能，从而取消甚至破坏了美育的内在整体性。应该说"美育"是一个远大于"艺术教育"的概念。艺术教育的结果重在将人引向具体艺术活动中的艺术分析能力与对作品技能的把握，使人知道如何做某些事情，并且知道如何合理利用所学的技巧和知识来体验艺术作品。也就是说，美育一方面总是包括通过"艺术教育"的途径和手段——丰富人的艺术作品感受以及培养丰富艺术感受的基本艺术技能训练，来实现"使人成为完整意义上的人"的"成人"目标。更重要的是，它又不受限于"艺术教育"，而是包括能够满足人的生命发展需要的全部活动。另一方面，由于艺术教育特定地指向了人的基本艺术技能训练和提高，因而，并不能完全称以"素养"为根本、"成人"为追求的审美教育的全部内容和全部过程。

基于此，对于学校美育来说，其在现实所面临的第一个难点便在于：大多数时候，美育不是"化有形于无形"地融入践行"育人"功能的学校教育整体中，而是被"独立"设置为一种面向学生群体的特殊知识活动，成为一种以艺术知识普及、艺术方法训练为主导的知识性存在。事实上，开展充分的知识传授总是学校教育本身最突出也是最具体的功能，因而，现实的情况往往是：一方面，学校美育急于让自身被整个学校教育的知识系统所接纳，以"德智体美劳"五育并举形态而使美育在其中获得实际位置。如此学校美育已然被分解为整个知识传导过程的一部分，甚而只是一种现成的知识教育系统的外部补充，而不是内在于人的发展有机构成。另一方面，在我们客观上将美育当作一种学校教育的构件之际，我们又希望这样的美育不仅能充当"知识的形容词"，而且最终导向"成人"的本体归结。

笔者认为，这正是当前学校美育不可回避的一个现实难点，也是当下整个知识教育系统的难点问题。其要害在于我们是否能从认识和实践两方面有效地超越"知识化"的美育困境。要摆脱这一困境，就必须建立符合当前时代特色的新型美育，这一新型美育教育的产生是在美育教育基础上，随着时代的推进、社会发展的影响和现代社会需求中逐渐发展演化而来。在美育教育中主要以培养学生的实践能力和创新能力为主，提高学生的审美能力和艺术鉴赏能力，兼顾陶冶人的情操，培养人的完美人格、审美心理结构的健全，使人的想象力与创新能力充分发挥出来。

第三节　大学美育的原则与途径

一、美育的特点

（一）动之以情，理在情中

情感是美育的核心，整个审美过程都不用概念、推理，而是以情感体验来贯穿始终，使人在情感上产生共鸣。例如，欣赏《黄河大合唱》，可以激发起人们对中国五千年古老文明的自豪之情和对敌人的愤恨之情，从而认识到只有同仇敌忾、团结一致才能战胜敌人的真理。

（二）形象鲜明，生动感人

一切审美过程都是从形象直觉开始，美育中所说的形象是具有感染力的形象，是饱含着情感的形象。例如，梵·高创作于1888年的布面油画《向日葵》，整幅画面以淡黄色为背景，以深黄色为向日葵的主色调，再以青色和绿色加以点缀，15朵形态各异的向日葵，每一朵绚烂的葵花都像一团火，而细碎的花瓣和葵叶则像火苗，整幅画就像一团烧遍画布的熊熊火焰，宛如一支旋律鲜明的生命交响曲。画家用激情奔放的笔触，以饱满而纯净的黄色调，使其中的每一朵向日葵都获得了强烈的生命活力，展示了画家内心似乎永远沸腾着的热情与活力。那一团团如火焰般的向日葵，不仅散发着秋天的成熟，还狂放地表现出经历坎坷的画家对生活的热烈渴望与顽强追求。那一块块炽热的黄色组成响亮鲜明的调子，不仅汇聚着自然的光彩，而且宣泄着画家对生命的激情体验。人们在观赏它时，总会被画面上所呈现的那种明亮而强烈的色彩感染，为那激动人心的画面效果所打动，心灵为之震颤，激情喷薄而出，共同融入梵·高丰富强烈的主观情感体验中，被艺术家那"吞噬一切的热情"震撼、融化，从而感悟生命的美好与希望。

（三）寓教于乐，潜移默化

美育是一种特殊的教育，它是按个人的兴趣爱好在娱乐中接受教育，它是在个人自由状态下不知不觉地接受教育，"通过自由去给予自由，这就是审美王国的基本法律"。美育的方式是自由的无须强迫和灌输，而是依靠美的形象本身的魅力来吸引人。"寓教于乐"既概括了美育的特殊途径，也揭示了实施美育的方式方法。没有"乐"，就没有审美愉悦，就无所谓美育。

美育接受的愉悦性包括以下三个层次。

1. 悦耳悦目

悦耳悦目是指以耳、目感官为主的愉快。例如，当优美的曲子传入耳际时，动人的旋律立即引起我们的欣喜之感。当齐白石老人画的《虾》映入眼帘时，形象的画面立即唤起我们的欣悦之情。

2. 悦心悦意

悦心悦意是指审美主体通过感觉、知觉的审美愉悦，领会到审美意象中某些深刻意蕴，体会到形象中的无穷意味，获得更丰富的审美享受。悦耳悦目更多的是感性特点，而悦心悦意则主要表现人的审美心理愉悦，突出了各种心理功能的和谐运动。

3. 悦志悦神

悦志悦神即审美主体在审美活动最高层次上获得的一种精神满足。美是真与善的统一，当审美主体在审美感受中达到一种至高的精神境界时，它就不会仅仅满足于单纯的审美活动，而是通过审美活动扩展到求真、求善的活动中，将审美活动融于对社会和人生的思考，对终极价值的追求，从而得到更多、更深刻的领悟与把握。

美育影响的潜移默化性实际上说明，实施美育的过程不要急于求成，而应该在日常生活和学习中渗透美育，使受教育者在平凡的生活中领略美的真谛，在美的环境里培养高尚的审美情趣，升华健康的审美理想。

二、大学美育的原则

（一）以活动为中心

以活动为中心是大学美育的基本原则。皮亚杰从心理学的角度提出了一个著名的观点，即"思想是内化了的行动"。美育活动的基础是个体的审美体验，美育能否收到实效，首先取决于个体能否通过接受教育获得并积累相应的经验，这就需要引导学生积极、主动地投入到审美活动中，通过各种各样的实践活动提高审美能力，丰富审美情趣，树立正确的审美观念，成为一个具有审美个性的个体。

（二）传授与激发相结合

在具体活动中传授必要的表现方法，帮助学生掌握一定的技巧、手段，具备相应的知识，接受一定的训练，使学生能顺利、深入地进入审美状态，并学会用有一定秩序的形式来表现和创造，这不仅是审美表现的必要条件，也是美育的基本目的之一。更重要的是，落实美育的根本点在于激发学生的审美动机和审美表现的热情，使之形成一种渴望全身心投入活动的积极的、开放的情绪状态，唤起学生的审美期待和引起审美冲动。因此，教师要特别注意以情激情，以情传情，以情动人，精心选择最富有情感性的审美对象作为活动内容。

（三）尊重个性

审美是一种自觉的创造性活动，不同的个体在审美趣味、偏爱、表现诸方面会有各自的个性化色彩，美育只有依从个体的个性差异和不同心理发展水平才能真正落到实处。其具体表现：一是尊重每一个个体的审美个性；二是因材施教，富于针对性和具体的指导性；三是绝不强求学生接受统一的审美标准；四是重视生理心理差异，按需施教。

（四）注重交流

交流体现了美育的过程本质。美育中的交流首先是师生情感的交流。教师以情感开发情感，激发学生的审美动机和创造表现欲望，尊重学生的审美需求和趣味，这是美育活动能够开展的前提。其次，学生之间的交流。重视学生之间的交流，有助于创设开放、自由、畅通的心理交流场所，学生更容易全身心地投入审美欣赏、表现和创造。最后，审美主体向审美对象的情感流动。通过审美对象达成与创作者之间的沟通与理解，是美育尤其是艺术教育非常重要的效应。同时，大学生尝试进行艺术创作，同样是敞开自己的心灵，通过作品与外界寻求交流的重要方式。

（五）整体性效应

整体性体现了美育的全面发展要求。首先，美育的整体性原则要求将受教育者引入一个丰富多样、广泛全面的审美活动场，有美也有丑，有悲也有喜，有崇高也有卑下，甚至有正价值也有负价值，有古今也有中外，使受教育者在复杂的对象中，在开放性的比较中提高敏感力和鉴赏力，从而荡涤心胸、开阔视野，获得全面发展。其次，美育的整体性原则要求教育手段、教育途径的全面化、整体化。开展美育不能只依赖于学校和课堂，还要依靠艺术家、文化工作者、劳动人民，更要依靠受教育者自己，高校要组织学生参加社会活动和生产劳动，组织学生欣赏大自然，美化校园，美化周围环境，美化自己的衣着仪表和言谈举止等，要尽量突破局限性，避免单一性，防止封闭性，从总体上开展审美教育。

（六）时代性、高尚性和民族性协调统一

大学美育必须跟上时代的发展，既要更新教育手段，更要不断丰富审美的内涵。特别是改革开放以来，市场经济的发展促使社会文化发生了巨大变化，大众文化的兴起为不同层次的人提供了丰富多彩的娱乐产品，改变了单调的传统艺术生活方式。活泼、新鲜、通俗、生活化的娱乐方式活跃和丰富了人们的娱乐生活。但是大众文化"舒适化"和"世俗化"的特点也造成了社会审美文化和学校正统价值取向发生了一定程度的分离，因此大学美育必须考虑大众文化的影响，注意吸收大众文化中活泼、新鲜、生活化的元素，更多地满足当代大学生的需求，使大学美育符合时代发展的要求。

当然，大学美育在符合时代发展要求的同时仍然要坚持高尚性原则。一些大众文化为了满足大众的猎奇心理，暴力、犯罪等均被加以游戏化的渲染，排斥和消融着某些崇高的道德和理想，在一味追求享乐的同时淡化着人们的道德意识。大学生追求新奇，但是鉴别力还不够，容易受到大众文化消极因素的影响。高校要使大学生真正得到充分和健康的发展，必须在美育中坚持高尚性的审美标准，加强审美导向，培养大学生高尚、健康的审美趣味，使他们不仅得到精神享受，也从中悟出真善美，陶冶自己的情操和升华理想，体验人生的情趣和美好。

大学美育还要提倡民族性审美标准。中华民族的审美意识讲究感性和理性、

现实性和思想性、再现性和表现性的和谐统一。例如，中国传统文化的"天人合一"观和自然价值观对人类的可持续发展，对培养人们热爱自然、亲近自然，与自然和谐交融、共生共荣的健康人格具有重要意义。中国的传统艺术如音乐、雕塑、建筑、绘画、诗词、戏曲、书法等自成体系，别具风格，以一种东方特有的轻灵淡雅风格对世界审美文化作出了独特贡献。因此，大学美育必须把中华民族的优良传统放在第一位，帮助学生感受中华民族的审美精神，使他们在审美心理培育中养成"爱我中华"的美好情操。

三、大学美育的途径

（一）开设美育基础课程，为学生终身审美铺路、引航

美育重在"育"，而"育"的过程是需要基础理论指导的。通过美育基础课程的开设传授美育基础知识，掌握审美实践技能，为学生开展美育活动提供知识指导，以便在日常学习和生活中亲身体验客观世界和人的自身美，对真善美和假恶丑进行比较鉴别，予以正确评价。

（二）组织多样美育活动，为学生感受美、表现美创造条件

美育强调实践性，组织开展丰富多彩的美育活动是实施美育的重要途径。例如，大学生艺术节、合唱比赛、校园歌手比赛、摄影比赛、书法比赛、绘画比赛、舞蹈比赛等美育活动，既能丰富和活跃校园文化生活，使学生在丰富多彩的活动中张扬个性，在良好的艺术氛围中享受美的熏陶，生活、学习变得五彩缤纷，又使学生的组织能力、适应能力、交际能力和意志品质得到发展。还可以充分利用社会实践等多种形式，组织学生到自然中、社会中，感受、欣赏大自然的美，领略、认识美好的事物，丰富学生的精神世界。

（三）开展学科美育渗透，使学生耳濡目染，潜移默化

学科的美育渗透可以通过教师的形象美、才智美、心灵美，教材的内容美、形式美，学科的艺术美、知识美得以实现。教师的一举一动、一言一行所展现出的审美素养对学生美育实施起着十分重要的作用。宽阔的胸襟、高远的追求、平和的心态、高尚的情操、富有的精神都是教师的审美素养，教师对学生的影响和美育大多来自这种美的精神和人格。特别是职业院校的教学很多是通过现

场实习或技能实训开展的，教师要使训练活动中的各个方面都是美的，如整洁的实训环境、摆放整齐的实训工具、规范化的实训组织、合理流畅的实训环节等。只要有美的技能训练内容和形式，学生就会始终处于美的享受中，所接受的审美教育无疑将高于空洞说教。当技能训练成为一种美的形式时，就必然会成为学生乐于接受的活动。当学生的技能水平逐渐提高并臻于完全熟练时，技能训练更是一种令人陶醉的活动。在这种境界中，学生必然会接受美的熏陶，产生创造美的欲望。

（四）美化校园环境，实施全方位以美育人

环境美育有很强的教育性、暗示性和诱导性。校园环境对学生的成长产生潜移默化的影响，和谐美好的校园环境是一种无声浸入学生心灵的美育。优美和谐的校园环境不只是校园的自然环境，还包括人文环境，和谐的师生关系、服务社会的校风、诲人不倦的教风、创新进取的学风等都会潜移默化地影响大学生的审美修养，促使他们形成良好的品质和高尚的人格。值得注意的是，在建设校园美好自然环境和人文环境的同时，还要重视校园网络文化、短信文化、服饰文化、恋爱文化、消费文化等亚文化隐形阵地建设。这些虽不是校园的主流文化，但在一定程度上反映了部分人群的思想行为"热点"，对学生的价值观念和行为取向影响很大。

（五）创建美育专题网站，使学生畅游美的天地

美育专题网站这一多媒体形式可以将抽象的内容形象化、复杂的过程简单化、隐形的内容显形化、枯燥的内容生动化。它突破时空的限制，将书本上无法展示的自然美景、艺术精品、大千世界通过音像等手段从不同角度、不同侧面进行多方位展示，直观、形象、生动地呈现在学生面前，使他们畅游于美的天地。美育专题网站还可针对职业院校学生的特点，在网络上开展各种美育活动，如举办平面设计大赛、多媒体软件制作大赛、网页设计大赛等，从而提升网络文化的格调和学生的审美趣味，提高学生对科技美的认识，丰富学生的课余生活，使网络成为学生趋善爱美、交流思想、发展个性、开拓创新的园地。建立美育专题网站，在增加美育信息传送量的同时，还可以缓解当前美育课程教学任务重、美育教师数量少的局面，对美育这门课程的教学改革将产生积极影响。

第二章 美学与形式美

第一节　美的特征与内容

一、美的特征

（一）形象性

美的形象是指美的事物是以其生动具体的感性形象为主体感官所感知的特性，是以形象因素为主的、形式与内容相统一的特性。美的事物，无论现实美还是艺术美，都是借助具体可感的形象来展示其美的风采，即通过由特定的声、光、色、线、形、质等物理因素所构成的感性形式来展示自身。也就是说，美作为人的本质力量的对象化，即内容形式对立统一，都是以一种具体可感的形象呈现出来的，离开一定的具体形态就无所谓美与丑，即美是具体可感的形象，而绝不是抽象的概念，概念只有真伪、正误之分，没有美丑之别。我们可以欣赏瑰丽的玫瑰，感受它的美，却无法欣赏书上关于玫瑰的抽象描述，如《现代汉语词典》关于玫瑰的解释为"玫瑰，落叶灌木，茎干直立，刺很密，叶子互生，奇数羽状复叶，小叶椭圆形，花多为紫红色，也有白色的，有香气，果实扁圆形……"。无论它描述得怎样准确、明白，仍构不成主体审美对象的形象化，引发不出人们的美感。同样，我们说桂林山水是美的，指的是桂林地区具体的山山水水，而不是这些山水的抽象概念。这些山水的美，是通过它们优美的形态、悦目的色彩以及山、水、草、木之间的自然而和谐的关系表现出来的，离开了这些自然物质材料所构成的感性形式，抽象的桂林山水就谈不上美或不美。人们都有这样的经验：对于一个渴望领略某处风景胜地的人来说，当他阅读导游说明书上的简短说明时，只能对这一名胜有一个朦胧的概念，至多会产生想去此处旅游的念头，而不可能产生美感；当他进一步翻看导游图上的风光照片时，也许能稍稍领略此处胜景的美之所在，但仍然是比较抽象的，难以产生真切的感受；只有当他身临其境，置身于峰峦幽谷之间，流连于山泉溪水之旁，面对那如画的湖光山色，才能如痴如醉地沉浸于美的享受中。所以，美总是存在于感性形象中，离开了特定的感性形式，美将无所依傍。

但美的形式并非仅仅由声、光、色、线、形状所组成的纯形式，而是与内容有机统一的有意味的感性形式，从而使人在对美的直接观照中能够感受到自身本质力量的自由创造。美的形象性既包括形式因素又包括内容因素，形式与内容的统一，但以形式因素为主。因而，其主要反映形式是视觉、听觉、触觉等，但理性思维对于美的形象性把握也是必不可少的。视觉、听觉、触觉主要是感受形式因素的美，理性思维则是把握和理解美的形式与内容相统一的内在美。所以，美的形象性又指形象因素为主的形式与内容相统一的特性。

（二）客观社会性

客观社会性是指美既是客观的又是社会的，它既是不以人的主观意志为转移的客观存在，同时又不是脱离人的社会生活的纯粹、自然存在的东西。

美的客观性在于它的物质性。任何领域的美，都是客观的物质性存在。因为从美的起源来看，它是人类改造世界的实践活动产物，表现人的自由的感性现实的物质存在。从美与审美意识的关系来看，没有客观存在的美就没有客观存在的审美对象，人们的审美意识也就无从产生，更没有美的概念、美的意识。所以，美是不依赖人的意识的一种客观存在。

美的社会性是指它同人类的生产、生活发生直接或间接联系。美之所以有社会性，是因为美总是对人而言的，为人而存在的。从哲学的高度讲，美是事物的一种价值，而任何价值只有对人而言才有意义，在没有人的地方，客观事物无所谓美丑。美，只是对人而言，审美判断也是由人作出的。从美的起源来看，美是人类社会实践的产物，是人类出现以后，由人类的劳动实践创造的。即便是未经人类劳动加工改造过的客观事物，如太阳、原始森林、冰山、遥远的天体，其客观规律性一旦被认识，并用来为人类服务，也就间接地被打上了"人化自然"的印记，使其具有了某种社会性。从美的普遍性来看，美不属于个人私有，而是为多数人所共享。每个人的审美情趣各有不同，但审美的标准却具有社会性，是一种社会现象。例如，晋代陶渊明爱菊花，唐代武则天爱牡丹，宋代周敦颐爱莲花，好像是个人爱好，实际上是一种社会现象。因为花具有某些特点被人赋予了某种品质，而这种品质具有社会性，是社会所承认的。菊花之飘逸、牡丹之富丽堂皇、莲花之出淤泥而不染，都是社会所推崇的品质。某个具体人爱某个具体事物，只是这种社会现象的具体体现。

（三）感染性

美的感染性是指美的事物所具有的吸引人、激励人、愉悦人的特性，也即美的事物能够引起审美主体的感情波动或思绪变迁的特性。美能够以情感人，人们常说：色美以感目，音美以感耳，意美以感心，都是通过主体感情体验为中介，从悦耳悦目逐渐领悟到美的真谛，领悟到更深层次的美的意蕴，升华到悦心悦意的审美境界。美既然是具体的、形象的，它就不是直接诉诸人的理智，而是首先诉诸人的情感，或者说，我们欣赏任何一种美的事物，首先不是明白某种道理，而是在感情上产生某种冲动，获得某种精神上的愉悦和满足。

美还能够愉悦人的身心，人们都有这样的美感经验，无论是登临黄山观赏日出云海，还是聆听施特劳斯的《蓝色的多瑙河》圆舞曲，都会有一种难以名状的愉悦感。正如车尔尼雪夫斯基所说："美的事物在人心中所唤起的感觉，是类似我们面对亲爱的人时洋溢于我们心中的那种愉悦。我们无私地爱美，欣赏它、喜欢它，如同喜欢我们亲爱的人一样。"他用爱情形象地比喻了美的愉悦性。

美的事物之所以能够感染人，是否仅仅因为它有美的、悦人的外表呢？诚然，事物外表确实是引起人们审美愉悦的一个因素，如汉乐府《陌上桑》描写罗敷女的美丽姿色时说："行者见罗敷，下担捋髭须。少年见罗敷，脱帽著帩头。耕者忘其犁，锄者忘其锄。"这就是说，人们为罗敷的容貌所倾倒。美的东西之所以引起人们的爱慕、喜悦，并不仅仅是因为它悦人的外部形态，而主要是由于美的内在品质。马克思说："我在我的生产中物化了我的个性和我的个性的特点，因此我既在活动时享受了个人的生命表现，又在对产品的直观中由于认识到我的个性是物质的，可以直观感知的，因而是毫无疑问的权利而感受到个人的乐趣。"这段话说得很明确，一个对象之所以能以其感性的形象引起人们的喜悦之情，就在于这一对象是人类劳动的产物，它显示了人的本质力量，从这一对象中人们感受到了自己的创造才能、自己的生活、自己的个性。由此得出这样的结论，美的愉悦性和感染力的最深刻根源，就在于美是人的本质力量的感性显现。

综上所述，美的事物具有美的感染性，其根本原因是美的事物借助生动具体的感性形象来确证人的本质力量。具体来说，美的感染性源自美的形式与内容的有机统一，源自对主体的自由创造的肯定和确证，源自对事物的形式因素的和谐统一的感情。离开美的内容，美的事物就会失去打动人、感染人的力量和突破点；离开美的形式，美的事物就会失去打动人、感染人的有效途径。

（四）功利性

美的功利性，是指美的事物具有某种对人有利、有益、有用的效能，是与美的社会内容联系的内在属性。从表面上看，美是超功利的，与人的实用需要无关，实际上，美的社会功利性是隐藏于美的形象之后的，难以直接感受到美的内在属性。

美的社会功利性始终蕴含在美的事物和审美活动中。美最初产生于实用功利，并被人们等同于实用功利。随着社会的发展，美逐步与实用功利分离开来，但美同实用仍然保持着一定联系，即美要受到实用的制约。总之，美的社会功利性是在人的经济实用需求得到满足的基础上所引起的精神愉悦的特性。美的社会功利性在自然美、社会美中表现得较为突出，而在艺术美中则相对隐蔽一些，这是因为人与自然、人与社会的关系多以功利形式存在，而艺术美则营造了必要的审美心理距离。

（五）创造性

社会在进步，美总是反映社会生活中有价值的思想内容，反映人的纯真心灵和高尚情操。随着历史的发展，人自身的力量、才能和智慧也在发展，人类对美的追求不断提高，所以美本身也在历史发展中千变万化、日新月异。因而，美具有创造性。社会美的创造性十分明显，例如，历史上的工具、服饰等在当时人们认为是最美的，但是与现在的工具、服饰等一比较就逊色了。艺术美的创造性更为突出，因为一切成功的、美的艺术作品，都在内容和形式上较前任有所突破、刻意求新，才能满足人们美的要求。绘画、小说、电影、戏剧等，都要不断创新，才能给人们以美的享受。那么，自然美的创造性又如何理解呢？这是由于人类不断地提高征服自然、支配自然的能力，本来许多丑的自然物，也伴随着人类实践活动的发展具有审美价值。例如，开垦的荒原、改造的山林、栽培的花草等都是经过人们开发改造的最一般的自然美景。普通的山水环境，经过人们创造性的艺术加工成为风景名胜区，如北京颐和园和香山、杭州西湖等，都集中地表现了自然美的创造性。

二、美的内容、形式和形式美

（一）美的内容与美的形式

美的内容和美的形式是相互依存、不能割裂的。它们之间有什么关系呢？

1. 美的内容决定美的形式，美的形式为美的内容服务

一般来说，有什么样的内容，就应该有与它相适应的合理的内部结构和外部形态。例如，从外部形态上看，北京天坛的整个建筑由内外两重围墙环绕，围墙的俯视平面接近正方形，围墙北面的两个角采用圆形，南面的两个角则为直角，祈年殿的俯视平面是圆形，这是根据中国古代"天圆地方"之说而设计的。主要建筑物用蓝色的琉璃瓦顶，象征着"青天"。再从内部结构上看，祈年殿内外三层柱子的数目与农历和时辰有关，内层 4 根大柱代表一年四季；中层 12 根柱子象征一年 12 个月；外层 12 根柱子表示子、丑、寅、卯等 12 个时辰。天坛的结构形态和色彩表现等是为封建帝王祭天内容服务的。再如，歌曲的旋律、节奏等形式，也要为歌词所表达的思想感情等内容服务。《我的祖国》的歌词描绘了祖国美丽的山河、明媚的风光，抒发了演唱者对祖国的热爱之情，其旋律和节奏就要把这一主题充分表现出来，所以这首歌的旋律悠扬宽广，节奏轻柔舒展，充分表达了这首歌的思想感情。《大刀进行曲》是以鼓舞战士英勇杀敌、消灭日寇为内容的歌曲，其旋律、节奏等形式就要为这一内容服务，所以这首歌的旋律雄劲高亢，节奏沉稳坚定，很好地表现了这首歌的内容。

2. 美的形式对美的内容是必不可少的

当美的形式适合美的内容时，它就能更好地表现美的内容，为美的内容服务；

反之，则会破坏美的内容。例如，我们用《大刀进行曲》的旋律和节奏来演唱《我的祖国》，或者用《我的祖国》的旋律和节奏来演唱《大刀进行曲》，不但不能表达原歌词的思想感情，还会适得其反，对美的内容起到破坏作用。这说明，美的形式不是可有可无的，它对美的内容起了重大的能动作用。

美的事物是可感的。人们对美的感受，首先就是感受到它的形式，只有首先经过形式才能领悟到美的内容。我国传统的丝绸、刺绣、烟酒等产品，内在的质量与审美价值并不低，但往往因为外包过于简陋，直接影响在国际市场上的销路。这说明，我们在重视审美内容时，决不可忽视美的形式。善于适应美的内容需要，根据不同情况选择最恰当的美的形式，以促进美的内容发展，是我们创造美的一条重要途径。

（二）美的形式与形式美

1. 什么是形式美

形式美是指生活、自然和艺术中各种形式因素（色彩、形体、声音等）的有规律组合，是客观事物外观形式的美。

形式美是把具体事物抛开，通过概括某些事物在形式上的共同特征而形成的。例如，人们在生活中常看到红色的火焰、涨红的笑脸、节日的红旗和红灯、办婚事的红喜字等，经过长期重复的观察和体会对红色越来越熟悉，以至只要看见红色就会产生热烈、兴奋、喜庆、吉祥的感受。这种感受正是火焰、笑脸、红旗、喜字等在形式上的共同特征，红色就是这些客观事物外观形式的美。

2. 美的形式与形式美的关系

形式美源于美的形式。人们经过长期重复的审美活动，对美的形式越来越熟悉，以至在某种美的形式面前美感油然而生，竟忘记了这些形式所要表现的内容，从而使这些形式具有相对独立的审美价值，即人们接触这些形式便能引起美感，而不去考虑所表现的内容，仿佛美就在形式本身而忘记了它的来源（内容）。

美的形式与形式美既有联系又有区别。美的形式不能脱离具体内容，它所体现的内容是具体的、形象的、明确的。换言之，美的形式依赖于具体内容，不是美的独立存在；形式美不直接显示具体内容，它所体现的内容是朦胧的、抽象的、隐蔽的。形式美不依赖具体的内容，而具有独立的审美价值。由于形式美没有具体社会内容的制约，它比其他形式的美更富有表现性、装饰性和象征性。

3.形式美的因素

形式美的因素包括色彩、形体、声音等。

色彩是形式美的重要因素。色彩具有情感性，色彩的刺激能使人产生某种生理的或心理的反应，从而影响人的情感或情绪。一般认为，红色给人以热烈、兴奋、喜庆、吉祥的感受；黄色给人以明朗、欢快、温暖的感受；蓝色给人以高远、平静、清秀的感受。人们对不同色彩所产生的情感是有一定生活根据的。例如，看见黄色可以联想到灯光、麦子、柠檬等，看到蓝色可以联想到天空、海洋、湖水等，这说明色彩具有联想性。色彩具有象征性，红色象征着刚烈和革命，黄色象征着高贵和皇权等。色彩还具有重量感，白色、浅色显得轻，黑色、深色显得重。色彩还具有温度感，分为"冷"和"暖"两类，红色和接近红色的色彩为暖色，蓝色和接近蓝色的色彩为冷色，暖色给人以温暖、热烈的感觉，冷色给人以寒冷、沉静的感觉。色彩美之所以包含种种不同的意义，主要是由于它们是与不同生活实践相联系的结果。考察和分析色彩时，要充分认识色彩的复杂性和变异性。

任何美的事物都是有形体的，形体以线条为基础，线条和形体也是形式美的重要因素。直线表示力量、刚强和稳定；曲线表示优美、柔和、流动；折线表示转折、突然；圆形柔和，方形刚劲；正三角形有安定感，倒三角形有倾危感；高而窄的形体有挺拔感和险峻感，宽而平的形体有展宽感和平稳感等。不同线条和不同形体给人不同感受，美的线条和美的形体是构成许多艺术，特别是绘画、雕塑、书法、建筑等艺术的重要因素。

声音是无形的，它作用于人们的听觉器官，可以带上情感意味。高音高昂，低音深沉；强音振奋，弱音柔和；节奏快急骤，节奏慢舒缓；纯正音令人感到动听愉快，不纯正音令人感到心烦难过等。单就声音来说，它可以作为独立的审美对象，引起人们的审美愉悦。所以，作曲家就把声音美（形式美）经过编制创作出包括旋律、节奏、和声等的音乐作品，使欣赏者获得音乐美（艺术美）的享受。

上述形式因素的特征，一般人都能感受到。但画家对色彩更敏感，书法家对线条更敏感，雕塑家对形体更敏感，音乐家对声音更敏感。所以，他们创造的艺术作品能充分发挥形式美因素的特性，体现形式美法则，使欣赏者获得美的享受。青年人应该努力培养自己对色彩、形体、声音的感知能力，以唤起审美的情感。

（三）形式美的主要法则

1. 整齐一律

整齐一律又叫单纯划一，是外表的一致性，能使人产生明净、清新、秩序井然的感受，这是最简单的一种形式美，在单纯中见不到明显的差异和对立的因素。例如，色彩中的某一单色，蔚蓝的天空、明亮的阳光、碧绿的湖面、黄褐色的山地等，给人以纯净、清新的感受，表现一种单纯之美。再如，教室里排列整齐的课桌椅、按音乐节拍做广播操的动作、稻田里的秧苗、仪仗队的队列、公路旁的电线杆和绿树等，给人以秩序井然的感受，呈现出一种整齐之美。

"反复"，即同一形式连续出现，可体现节奏感和秩序感。反复也属于"整齐"的范畴。整齐一律虽然简单，但是应用广泛，有一定的审美价值，这一法则广泛用于公共建筑、商品造型和工艺美术品中。

2. 对称与均衡

对称是指以一条线为中轴左右（或上下）两侧均等。对称能使人产生安定、稳重庄严的感受，可以起到衬托中心的作用。例如，人体和动物的眼、耳、手、足都是对称的；天安门城楼上的梁柱和灯笼、天安门的门洞和金水桥、天安门的石狮和华表都采取了对称形式。

均衡是对称的变体，即中轴线两侧的形体不必等同，但分量上需要大体相当。均衡给人以自由灵活、生动活泼和富于变化的感受。例如，树的枝丫、树叶多是均衡而不是对称。又如，山水盆景中，有一座较高、较大的主山，还有一座较矮、较小的客山，两山造型不同，这样既协调自然，也符合客观规律，给人以真实感和平衡感。再如，绘画《蝶恋花》，花朵在画面的左下方，蝴蝶在画面的右上方；雕塑《艰苦岁月》，老战士和小战士一左一右、一大一小、一高一矮，在造型上也应用了均衡这一法则。

3. 调和与对比

调和是把两个（或多个）相接近的东西并列在一起。调和给人以柔和、协调、雅致的美感。例如，色彩中的红与橙、橙与黄、黄与绿、绿与蓝、蓝与紫、红与紫等都是邻近的色彩，属于调和。再如，紫色的衣服上印有红花的图案就是调和配色。在同一色彩中的层次变化（如深浅、浓淡）也属于调和，如深红与浅红在一起也属于调和配色。除了色彩的调和外，还有声音、形体的调和。一支爱情歌曲，其旋律如果是悠扬婉转、秀丽甜美的，其节奏就应该是轻柔缓慢、从容自由的，这样才协调；反之，则不协调。在家具中，圆桌配圆凳，方桌配方凳，彼此形体相近就显得融洽、美观。风扇叶旋转起来是圆形的，风扇罩设计成圆形就十分调和，如果改成三角形的罩，就破坏了形体的调和。

对比是把两种极不相同的东西并列在一起。对比给人以鲜明、醒目、振奋的美感。例如，色彩中的红与绿、黄与紫、蓝与橙、黑与白等都是对比色。"万绿丛中一点红"是红与绿的对比，"黑云翻墨未遮山，白雨跳珠乱入船"是黑与白的对比，在诗句中运用对比手法，加强了意境中的色彩效果。天坛祈年殿的蓝色屋顶、红色门窗、白色高台基形成色彩对比，给人以优美壮丽的感受。"蝉噪林逾静，鸟鸣山更幽"，这是声音的对比；"会当凌绝顶，一览众山小"，这是形体的对比。除了色彩、声音、形体的对比，还有动与静、疏与密、粗与细、轻与重、曲与直、高与低等的对比。

调和是异中求同（一致），对比则是异中更突出异（对立）。

4. 比例匀称

比例是指事物的部分与部分、部分与整体在数量上的关系。比例匀称就美，比例不匀称就不美。匀称也是一种形式美。日常生活和学习中，有许多物品都是长方形的，如门窗、书本、画框、电视机等。那么，长与宽比值是多少的长方形才美呢？公元前 6 世纪末，古希腊的毕达哥拉斯发现了一条美的规律，即长与宽的比值为 $1：0.618$（或 $5：3$、$8：5$），美学上把这种比例关系叫作"黄金分割率"。凡符合这种比例关系所组成的长方形，都是最美的长方形。人体以肚脐为界，上、下身的比例应为 $5：8$。我国古代在山水画的构图中也有"丈山、尺树、寸马、分人"的说法，体现了事物之间的比例关系要合理安排。

5. 节奏与韵律

节奏是指运动过程中有秩序地连续反复形式，和谐的节奏给人带来美感。在自然界和社会生活中都存在节奏。一年四季，冬去春来，有秩序地连续反复形成时令上的节奏；山陵溪谷，岭脉蜿蜒，形成地壳上的节奏。打夯、拉纤时，喊唱劳动号子来组织劳动和鼓舞士气，是顿挫有力的声音节奏。艺术领域也经常应用节奏这一法则，如古代绘画《清明上河图》，在构图排列上形成了由静到动、由疏到密的节奏。节奏有鼓舞的节奏，如战斗的诗、劳动号子，也有沉静的节奏，如远处的钟声、舒缓的声音等，它们可以给人带来不同的美感。但并不是所有节奏都美，如坐火车时，车轮在铁轨上的撞击声虽然也有节奏，但缺少变化且不和谐，让人感到枯燥无味。

在节奏的基础上赋予一定的情趣和神韵便形成韵律。或者说，充满情感的节奏便是韵律。韵律比节奏更美妙动人，给人以美的情趣和美的享受。例如，《国际歌》的节奏深沉悲壮、气势豪迈、庄重浑厚、沉稳坚定，表达了无产阶级解放全人类的宽广胸怀和坚定信念，形成了一种阳刚之美的韵律。再如，民族舞蹈《水舞》，描绘了傣族姑娘在水池边戏水的情景，其动作的节奏轻柔缓慢、纤弱平稳，表达出少女轻松愉快、喜悦舒畅的情感，形成一种阴柔之美的韵律。

6. 多样统一

多样统一也叫和谐一致，是形式美法则的高级形式。"多样"，是指事物整体的各部分，在形式上存在相互区别的种种差异。"统一"，是指事物的各部分在形式上也存在某些一致性。多样统一，使人感到既丰富又单纯，既活泼又有秩序。例如，《长征组歌》中的各种不同形式，都在一致地表现出组歌的主题——红军不怕远征难。

多样就是不单调，表现方式富于变化。《西游记》中"孙悟空三打白骨精"，打的对象和打的方法一变再变，但都是表现白骨精的狡猾和孙悟空的机智。颐和园拥山抱水、绚丽多姿，在一片湖光山色之间，点缀着殿、堂、楼、阁、廊、榭、亭、桥等精美建筑，体现了多样性，但它修建的内容和形式都统一于中国古典园林的一种独特民族风格中。

这一法则包含了变化以及对称、均衡、对比、调和、节奏、比例等因素，所以，一般都把"多样统一"作为形式美的基本法则。形式美法则，是人类在美的创造中积累的丰富经验，随着美的事物发展，形式美法则也会不断发展。我们学习形式美法则，是为了提高美的欣赏力和美的创造力。

第二节　形式美

一、形式美的内涵、特性及组合规律

一个审美对象之所以能吸引人、感动人，引起人们强烈的美感，首先是由于这个审美对象的外部表现形态引起人们感官的注意，进而诱发人们去欣赏它，追求它所显示的内在精神美。为了更好地欣赏美、感受美、创造美，就不能不对形式美的审美特性及其组合规律做一些研究。

（一）形式美的内涵

形式美包括两方面含义：一是具体的形式美；二是抽象的形式美。具体的形式美是指美的事物外在形式所具有的相对独立的审美特性；抽象的形式美是指某些既不直接显示出具体内容，又具有一定审美特征的美。通常而言，人们所说的形式美，是指构成事物物质材料的自然属性以及它们的组合规律所呈现出来的审美特性，即相对于抽象而言的具体的形式美。所谓抽象的形式美，就是美的内容的存在形式，通俗地说，就是美的事物所具有的色彩、形状、线条、声音等因素有规律的组合形式。

形式美体现在一个具体事物的外形时，它的审美特性也必然随着时间、地点、场合的变化而变化。例如，在严寒的北国穿一件裘皮大衣，就显得庄重大方，不失为美。但如果在盛夏的江南穿一件裘皮大衣，不但不美，而且令人怀疑智商有问题。名人字画挂在客厅里显得很高雅，若挂在仓库里就显得很不雅观。抽象的形式美与具体的形式美既有联系，又有区别。如果把抽象的形式美看作是共性，那么，具体的形式美就是个性。抽象的形式美是共性与个性的关系。没有个性，就无所谓共性，共性寓于个性中。因此，在讨论形式美时，既要考虑它的相对独立性，又不能与具体美的形式完全割裂，否则，容易犯形式主义错误。

（二）形式美的审美特性

1. 色彩的审美特性

色彩能向人们传达出一定的情感意味，它能引起人们的情感反映，引起人们的联想。例如红色容易使人想起火，产生温暖、热烈、兴奋的情绪；黄色容易使人想起灿烂的阳光、黄金、麦浪、铁水奔流，感到明朗、喜悦；蓝色容易使人想起天空和大海，产生安静、平和的情绪；绿色容易使人想起春天嫩绿的植物，产生欣欣向荣、蒸蒸日上、生机盎然的感受；白色容易使人想起雪，带有纯洁、凉爽的意味；黑色容易使人想起黑夜，产生阴郁、恐怖的感受。不同色彩所引起人们种种不同的感受和联想，是人们在长期实践中积累而成的。由于世世代代的传统习惯不同，不同的国家、民族在某种色彩与某种特定的内容之间形成比较固定的联系，因此，某些色彩便获得了一定的象征意义。例如，在中国红色与火、血相联系，意味着热情奔放，不怕流血牺牲，从而成为革命的象征；黄色为帝王之色，象征皇权、高贵。在欧美，黄色就没有这种含义，甚至被认为是最下等的颜色。在中国的京剧脸谱中，色彩又被赋予人物性格的特定意义：红脸表示忠义，黄脸表示勇敢而残暴，蓝脸表示刚强，白脸表示奸诈、阴险，黑脸表示憨直、刚正，绿脸表示粗鲁、野蛮，金脸、银脸表示神圣。总之，不同国家、不同民族、不同时代对色彩往往赋予不同的含义，因此，色彩的审美特性具有丰富多样的内容。

2. 形状的审美特性

形状由线条构成，因此，线条便成为造型艺术的术语。线条可分为直线、曲线和折线，这三种线条所显示的审美特性各不相同：直线表示刚强、正直，给人以庄重感；曲线表示优美、柔和，给人以运动感；折线表示转折、断续，给人以突然感。各种线条有规律的组合带有明显的感情意味。垂直线给人以稳定感和均衡感，表示严肃、庄重，如旗杆、纪念碑就是垂直线造型的。水平线表示平稳、安宁，给人以安静感。斜线表示兴奋、迅速、骚乱，给人以不稳定感或运动感。利用线条造型传情是我国绘画、书法艺术的优良传统。底面水平的"金字塔式"的三角形给人以明显的稳定感；倒置的三角形则使人有很不稳定、随时就要歪倒的感觉；正方形含有方正刚直的意味；圆形则给人以周而复始、自我满足的感觉。圆锥体、正方体、长方体、球体的审美属性大体与平面图形相似或相近。这些平面形、立体形的一般审美特性，在建筑、工艺、雕塑、摄影、绘画、书法等艺术门类中都有广泛应用。

3. 声音的审美特性

声音是物质振动而产生的，它具有物质的自然属性。人们凭借自己的听觉和生活经验，根据声音的不同判断出外物的性质、远近和方向。例如，人们单凭楼梯上的脚步声，就能知道来的是哪位熟人；单凭笑的声音，就能知道熟人笑的状态；听到某种蝉或鸟的叫声，就能知道是什么季节。声音不仅具有传递信息的作用，还具有审美功能。例如，喜鹊的叫声和乌鸦的叫声给人的感受就不一样，孩子们的歌声和猿猴的啼叫给人的感受更不相同。嘈杂而无规律的噪声令人头昏，和谐而有规律的声音则使人感到悦耳动听。如果对自然界的声音加以选择，并按照一定的旋律、音调、快慢、节拍、曲式进行组合，就会产生优美动人的音乐，唤起人们的某种美感。可见，声音这种自然属性经过选择、加工便可产生审美效能。

在声音的审美效能中，最为突出的是它的表现功能。《乐记·乐本》对音乐的表现功能描述得很明白："乐者，音之所由生也；其本在人心之感于物也。是故其哀心感者，其声噍以杀；其乐心感者，其声啴以缓；其喜心感者，其声发以散；其怒心感者，其声粗以厉；其敬心感者，其声直以廉；其爱心感者，其声和以柔。六者，非性也，感于物而后动。"由于人心感之于物，所以产生了哀、乐、喜、怒、敬、爱之情，发出的声就有杀、缓、散、厉、廉、柔之别。这是我国古代哲学对音乐的唯物主义解释，有些创作者运用移情手法使外物之声带有感情。例如，"东风知我欲山行，吹断檐间积雨声"，显然带有听者的主观色彩，至于借声抒情者则更数不胜数。可见，声音不仅是人们进行音乐创作的源泉，也是抒发感情的工具。

（三）形式美的组合规律

1. 单纯统一规律

单纯统一规律是形式美中最简单的规律。所谓单纯统一规律，是指各种物质材料按相同的方式排列组合，形成单纯的反复，从而产生整齐一律的美感效应。例如，蔚蓝的天空、碧绿的湖面、一望无际的绿色草原或金色的麦浪、明亮如水的月光等。色彩单纯统一使人能产生一种单纯、整齐的美感。人们运用这一规律，创造出了许多感人至深的审美对象。农民插秧时，保持一定的株距和行距，行与行之间、株与株之间都整齐一致，给人以整齐的美感。农民种庄稼时，为了充分利用耕地面积，便根据作物的特点进行套种。例如，每隔几行大豆种几行玉米，多次反复，形成若干层次。这样，从整体上看仍然整齐一律，并给人以有节奏而又整齐的美感。织布工人利用这一规律，使同一图案有规律地反复出现，织出的布夹杂而不乱，给人以鲜明的秩序感和节奏感。有规律地反复是事物发展的正常规律。昼夜交替，春秋代序，脉搏跳动，走路时两臂的前后摆动，工作、学习的一张一弛等都是有规律地反复。这种反复，就是生活中的节奏。这种生活节奏是人类生活所需要的，因而，整齐一律容易使人产生美感；反之，杂乱无章，结构无序，容易使人产生烦乱的感觉。有节奏的反复不仅出现在工业、农业中，各种艺术的创作也常利用这一规律。音乐中的节拍、舞蹈中的动作反复、律诗中的音节、建筑物上门窗的排列、戏剧中紧张场面与抒情场面的交替安置、书法中的刚柔结合等都是这一规律的具体体现。

2. 对称均衡规律

对称是指以一条线为中轴，左右（或上下）两侧均等。例如，人的眼睛、耳朵、手足都是对称的。人体美确实在于各部分之间的比例对称。试想，如果人的两只眼睛不对称，或一上一下、或一大一小都缺乏美感，不少动物的正常生命状态也是比例对称的，甚至部分植物的叶、花瓣也是比例对称的，因而也是美的。试想，如果马有三条腿、一只眼、一个耳朵，那么，这匹马可能是个怪物，失去马固有的美。对称具有安静、平稳的特性，它还具有衬托中心的作用。例如，天安门两侧的建筑，可以衬托出天安门的中心位置。故宫这一建筑群，也是很讲究对称的，各个建筑都是在一条由南到北的轴线上展开的。从正阳门到太和殿全长1700米，这条轴线两侧的建筑都保持对称。在建筑的整体中突出了太和殿的中心位置。建筑师、工艺师、画家、雕塑家、工人、农民利用对称规律创造出了许许多多的审美对象，这样的实例数不胜数。

均衡的特点是两侧的形状必须相同，数量也大体相当。均衡较对称有变化，可以说是对称的变体。均衡在静中倾向动，如故宫建筑群，不仅对称，而且均衡。建筑本身是静止的，但由于形体布局有变化，却呈现出流动感。正阳门是序曲，太和殿是高潮，景山是尾声。整个建筑群高低错落，空间大小纵横。从景山上眺望故宫，屋顶高低起伏好像一片金黄色的波浪，使人们产生美的感受。

3. 调和对比规律

调和对比规律可反映事物矛盾的两种状态：调和是在差异中趋向一致；对比是在统一中趋向对立。异中有同，同中有异。调和对比规律是事物发展的客观规律在形式美中的概括和总结。

调和是把两种相近或相似的事物并列在一起，给人以协调、融合、优美的感觉。例如，色彩中的红与橙、橙与黄、黄与绿、绿与蓝、蓝与青、青与紫、紫与红都是邻近色。邻近色在一起，就产生深浅、浓淡的层次变化。如，北京天坛的深蓝琉璃瓦与浅蓝色的天空和四周的绿树配合在一起，就显得很调和，给人以天地融合协调之感。杜甫的诗句"桃花一簇开无主，可爱深红爱浅红"，写出了桃花盛开时深红与浅红相互融合协调的美景。画家也常利用这一规律创作出许多色彩鲜明、令人陶醉的优美作品。织布工人运用这一规律织出各种花布，深受广大群众喜爱。对比是把两种极不相同的东西并列在一起，使人产生鲜明、醒目、振奋、活跃的美感。例如，色彩中的红与绿、黄与紫、蓝与橙、白与黑都是对比色。杨万里的诗句"接天莲叶无穷碧，映日荷花别样红"，红与绿相陪衬，色彩显得分外鲜明。杜甫的"白摧朽骨龙虎死，黑入太阴雷雨垂"，苏轼的"黑云翻墨未遮山，白雨跳珠乱入船"，这些诗句运用颜色的对比加强了意境中的色彩效果。不同声音的对比，其审美效果更为鲜明，如"蝉噪林逾静，鸟鸣山更幽"，为了突出山幽林静，以鸟蝉的叫声作陪衬，寂静的环境往往要靠声音来烘托。又如，"宁静的深夜有蛐蛐的几声叫，这深夜就显得更宁静。战斗开始前的几秒钟，万物寂静，只听到指导员手表的时针走动声，就愈显出战前的那种严阵以待的严肃、紧张而宁静的气氛"。"会当凌绝顶，一览众山小"，这是形体大小的对比。画家为了突出山的高大，往往要画几棵树或几个人来烘托，没有树和人的烘托山的高大就显示不出来，"烘云托月"就是这个道理。相声演员，往往是一胖一瘦、一高一矮，这样一对演员一出台，就给观众以滑稽幽默之感，增强了表演效果。总之，调和对比规律，无论是日常生活中还是艺术创作中，都被广泛运用。我们在审美活动中，也要善于运用这一规律。

4. 比例匀称规律

比例是指事物整体与局部以及局部与局部之间的比例关系。匀称是指比例关系适度。任何事物比例匀称就美，否则就丑。

绘画、雕塑特别讲究比例。"增之一分则太长，减之一分则太短"是指绘画、雕塑必须严格掌握比例关系。传说有这样一个故事："宋太子铸丈六金像于瓦棺寺，像成而恨脸瘦，工人不能理，及迎颐问之。曰：'非面瘦，乃臂胛肥耳。'既错减臂胛，像乃相称，时人服其静思。"这个故事说的是，我国南朝时有个雕塑家名叫戴颐，他对人体的造型比例非常精通。工匠将塑像雕成之后，脸显得很瘦，很不中意，又无法修改，请教戴颐。戴颐观看后立即指出"非面瘦，乃臂胛肥耳"，于是，工匠把塑像的臂削减一些，这座雕像才比例匀称。我国古代山水画中所谓"丈山、尺树、寸马、分人"，就是指山水各种景物之间的比例关系必须安排合理，只有这样，才能真实地表现出客观景物中的自然美。比例匀称规律，不仅在绘画、雕塑中要严格掌握，而且在建筑、工艺、摄影以及日常生活中也被广泛运用。例如，楼房的门窗，写字台的长宽高，飞机、轮船的造型，都要讲究比例匀称。连日常用的碗、筷、钢笔、纸张、书籍等，在造型中都要讲究比例匀称。

5. 多样统一规律

多样统一规律是自然界和人类社会对立统一规律在形式美中的体现。世界万事万物是一个多样统一的整体。多样是指各种事物千差万别的个性，统一是指由千差万别的个性联系而构成的共性。就事物的形而言，有大有小，有方有圆，有高有低，有长有短，有曲有直，有正有斜等。就事物的质而言，有刚有柔，有硬有软，有强有弱，有润有燥，有冷有热，有轻有重，有粗有细等。就事物的势而言，有快有慢，有静有动，有分有合，有扬有抑，有进有退，有升有降等。就事物的声而言，有高有低，有粗有细，有强有弱，有长有短，有急有慢等。就事物的色而言，红、橙、黄、绿、蓝、青、紫等，五彩缤纷。

世界是美的，美就美在世界是一个和谐的、多样统一的世界，是一个变化发展的世界。例如，一株牡丹，它有枝也有叶，有花萼，有蕊，到一定季节开花，到一定时候凋落。它既有花的共性，又有牡丹的个性。再如，一只燕子，它会飞，能下蛋延续后代，具有鸟类的共性。但从其形体、飞势、叫声等方面看，又有燕子的个性。世界是多样的，又是一个统一的整体。多样统一规律是形式美的基本规律，也是形式美的高级形式。

多样统一规律在人们的日常生活以及各种艺术创作中被广泛应用。人们在创造一种复杂产品时，总是把多种审美因素有机地结合在一起，使之既美观又适用。艺术家进行艺术创作时，总是把握这一规律创作出各种各样耐人寻味的作品。人们在运用这一规律时，往往把对称均衡、调和对比、比例匀称有机结合，根据人们的审美需要，创造出丰富多彩的劳动产品和艺术作品，以满足人们日益增长的物质和精神生活需要，从而不断丰富和发展形式美。

二、自然美

大自然瑰丽多姿，景色迷人，变化无穷，气象万千。多少诗人被陶醉，多少画家陷入痴迷，多少英雄为之倾倒，多少游人流连忘返。欣赏大自然可以愉悦心情，陶冶情操；可以磨炼意志，增强体魄；可以扩大眼界，增长知识；可以培养情趣，激发灵感。大自然对人为什么有这么大的吸引力？为什么有人"登山则情满山，观海则意溢海"，而有人却"登山山无景，观海海无情"呢？可见，如何欣赏自然美，有很大的学问。

自古以来，人们对自然美有不同的解释。有的人认为，自然美就在于自然事物本身所固有的特性，如水有碧波如镜的宁静美、奔腾飞泻的动态美、清澈晶莹的纯洁美、映照复现的艺术美等。水的这些美的形态都是由水的透明、液体等自然属性表现出来的。与此相反，有人认为，自然物本身无所谓美或不美，所谓自然美，只是人的心灵判断与创造的结果。那么，究竟什么是自然美呢？

马克思认为，自然美是"自然的人化"结果。所谓"自然的人化"有三层意思：其一，作为万物灵长的人类本身是起源于大自然的，并由大自然逐渐演化而来；其二，人不但能认识自然，还能利用自然，改造自然，使之更好地为人类物质文明和精神文明服务；其三，人在认识、利用、改造自然的过程中，看到了自己的创造力、思维力、想象力、审美力，才会感到喜悦，感受到美。应该强调的是，并不只是被直接改造过的自然物才是"人化"了的，不只是直接为人类所支配的自然物才有"人化"的意义。许多自然物，正是在"自然人化"或"人化自然"的总体意义上获得了"人化"的属性而具备特有的审美价值。总之，自然物美或不美，归根结底是社会的产物和历史的结果。因此，在自然界，凡是能引起人们美感的各种美事物的自然形态，统称为自然美。自然美一般为两种形态：一种是未经人加工改造的自然美，如风和日丽、鸟语花香、狂风暴雨、雷鸣闪电、湖光山色、虹云霞彩、海市蜃楼、万丈悬崖、瀑布轰鸣、幽谷小溪、滚滚巨浪、大海怒吼等；另一种是经过人类加工改造的自然美，如小桥流水、园林亭台、万里长城、长江大桥、绿色稻田、金色麦浪、千里运河、山中楼阁等。这些自然美虽然经过人类加工，但仍然以其自然美的形式呈现出来。

自然的这两种形态经常是相互依存、互相渗透的，如黄山上汉代的石拱桥、历代牌坊群、石雕、木雕、园林楼台等。这些巧夺天工的人工建筑与自然风景融为一体，相映生辉，分外迷人。"黄山条条路，连着绝妙处。"黄山人历经数代凿成了黄山路，每条黄山路都有黄山人付出的甘苦，乃至生命。黄山的美，刻着历代黄山人意志的烙印。目睹黄山的天然美和经过人类加工改造过的自然美，彼此映照，浑然一体，你会感到马克思关于"自然人化"和"人化自然"的思想是多么生动与具体。

三、社会美

美不仅存在于自然领域，也存在于人类社会生活的各个方面。人们的劳动、学习、日常生活以及人体本身，到处蕴含着美。人既是社会生活的主人，又是劳动实践的主体。因此，人是社会美的创造者，也是社会美的核心。

社会美是存在于社会领域的美。日常生活中，我们经常能够感受和认识社会事物作为审美对象具有某种审美性质，并使我们能对它作出审美评价或体验。可见，社会美就是指社会生活的美。美是社会实践的产物，而社会美则是这种产物最为直接的存在形式。我们知道人类的社会生活是多方面的、复杂的、丰富的，其中最基本的则是生产劳动、阶级斗争和科学实验，与之相关的是人的思想品质和情操等。因此，社会生活中的美主要表现在经济、政治、科学，以及人的衣食住行、交际往来等方面，特别是集中表现在作为一定时代、阶级主体的社会先进力量、先进人物身上，美在他们的性格和行为中得到了充分体现。

四、人的自身美

（一）人的外在美

人的外在美，是指一个人的形体外貌、举止行为、服饰打扮等方面的外表美。在世界所有的审美对象中，人的美是最高级、最深刻、最有魅力的。人作为一种审美对象，给人的第一印象首先是外在美。人的着装打扮，形体外貌在整个人的自身美中作用是不可忽视的。

在人的外在美中，人体美起着重要作用。一般认为，人体美既有自然美的因素，又有社会美的特点。就人体作为自然物质来说，筋骨、肌肉、皮肤等属于自然的造化物。人的身高、相貌、肤色是无法选择的。由于造物主的不公，有的人得天独厚，天生一副好身材，不高不矮，不胖不瘦，唇红齿白，眉清目秀，异常俊美；有的人则又细又高或又矮又胖，身材不匀称，认真地说，多数人的身材体形都不理想，但每个人都毫不例外地希望自己是美的。爱美之心人皆有之，人的体形、相貌大都由遗传因素所决定，但后天注意饮食，经常进行锻炼，适当地修饰打扮自己，也可以弥补一些先天不足。

（二）大学生的身体自我

身体自我是指个体对自己身体状况的认识与评价，包括对自己的外表、容貌等以及自己的身体健康状况、身体素质、运动能力等方面的认识。大学阶段是自我意识发展的新时期。大学生们在认识、评价自己的身体，以及参照他人对身体的认识和评价的交互作用过程中逐渐形成身体的自我观念。健康的身体自我观念有助于大学生的发展，而不健康的身体自我观念则易引发心理疾病。

1. 身体自我的内涵

身体自我可以分为以下四类：

①现实的身体自我。个人实际的身体形象，是一种客观的认识。

②理想的身体自我。个人想自己成为什么样的身体形象。

③投射的身体自我。个人认为他人是如何看待和评价自己的身体形象。

④幻想的身体自我。身体自我是一种神经症的自我意象，即个人相信自己确实已达到这种值得赞赏的状态。

青年人都重视自己的身体自我。身体自我会影响一个人的自我观念。有人研究发现，身体自我对一个人的整体自我观念有重要作用，长相漂亮、富有魅力的人在交往中易受欢迎并得到积极认可。有健康身体自我的青年人会显得自信，而对身体自我不满或否定的青年人易产生自卑乃至否定自我的心理，走上自暴自弃甚至自毁的道路。

2. 影响身体自我形成的主要因素

人身体自我的形成，受下列主要因素影响。

（1）身体现状

个人自身的身体条件是形成身体自我的物质基础。它受个人遗传基因的影响，这些身体条件通常是很难改变的。在一定条件下受遗传影响的身体条件也会受到如营养、体育锻炼等因素的影响。

（2）文化历史

社会文化不同的人们对身体自我的价值评判与认同也不相同。西方人以丰满、厚实的大嘴为美，东方人赞美樱桃小嘴。我国唐朝妇女以肥胖为美，而现代则以苗条为美。社会文化背景是个体形成理想身体自我的基础，人们总是参照该时代的社会文化要求并结合自身条件来追求理想的身体自我。

（3）社会职业要求

社会职业也会影响个体的身体自我。有人研究发现，从事舞蹈的女学生在体质与相貌两个维度上的自我评分比普通女学生在这两个维度上的自我评分低。因此，对身体形象要求高的专业或希望将来得到对身体形象要求较高职业的大学生，即使身体形象不差，也可能形成不良的身体自我。

（4）性别定型

性别不同对自己身体自我的要求不同。一个正常男性不会喜欢自己像女人般的身材，同样，一个正常的女性不会希望自己长得像男性一样。

（5）他人评价

个人对自己身体的赞许度与别人如何看待自己密切相关。他人对自己身体评价的高低对身体自我的形成起重要作用。

（6）自我价值感

自我价值感是指个体对自己赞赏、喜欢和重视的体验。有关研究表明，身体外貌是构成自我价值感的重要维度之一。个人的自我价值感不同对自己的身体也会有不同的要求。如果个体自我价值感获得过于依赖自己的身体自我形象或对身体自我形象的要求过高，就容易对自己的身体自我不满。

（三）人的内在美

人的内在美是指人的心灵美、品质美、道德美、性格美、情操美等。外表漂亮虽然能引起人的美感，但是，外在美往往是暂时的、易逝的。思想品质、性格气质、道德情操等方面的内在美却是持久的、长期的。

内在美的核心就是心灵美。心灵美主要包括思想道德、情操性格、文化修养等。思想道德美，主要表现在爱国、诚实、正直、谦虚、勤劳、助人为乐、互相理解等方面；性格情操美主要表现在勇敢坚定、机智沉着、见义勇为、热情好学、文雅自重、豪放开朗、爱憎分明等方面；文化修养主要表现在虚心好学、不耻下问、勤奋严谨、博学上进、永不满足等方面。

人的心灵美并不是抽象的，也不是不可感知的。它总是通过人的语言、行为、表情、神态等方面表现出来。所谓"怔神见貌，则情发于目"，就是指人的思想感情常常通过人的表情神态自然流露出来。人的眼睛最能表现出人的内心世界。"眼神"一词的含义就在于眼睛能传神，能把人的内心活动传递出来。因此，画家达·芬奇把人的眼睛比作心灵的窗户。鲁迅特别注意人物眼睛的描写，从中表现人物的内心精神状态。这些都是极为精辟的见解。

人的心灵美还常常表现在语言上，常言道"言为心声"，语言美与不美，往往会产生不同的社会效果。热情的召唤、真诚的鼓励、彬彬有礼的谈吐，可以使人亲密无间、和睦相处；冷漠、生硬、粗俗、蛮横无理的语言，会使亲人相背、朋友寒心，甚至引起冲突或谩骂。

人的心灵美，更多表现在行为上。行为受思想的支配，因此，一个人的行为美不美，也是心灵美的具体表现。美的行为会为他人带来温暖、幸福；不美的行为会给他人带来损害、苦恼。总之，一个人的内在美是具体的、可感的，总是自觉或不自觉地通过各种形式表现出来。同样，内在丑的东西也总是要表现出来的，只是怕丑露于外面而千方百计掩盖起来罢了。这种掩盖又往往给人以假象的感觉，假象绝不会引起人们的美感，只能引起人们的憎恶和反感。

（四）人的内在美与外在美的关系

内在美与外在美是辩证统一的，二者既有显著区别，又有密切联系。内在美高于外在美，外在美又陶冶内在美。因此，每个青年学生既要讲究外在美，更要加强自身的内在美，做一个内在美与外在美相统一的完美的人。

外在美只是在形式上反映一个社会的某些特征和个人的外部特征，内在美却反映一个社会的文明水平和个人的自我完善程度。就一个人而言，内在美体现其世界观、人生观，言谈行为，乃至着装打扮、兴趣爱好，一般都受个人人生观、审美观制约。当然，有些外在美并不完全由内在美决定，如人的体形、容貌大都是由遗传基因决定的。看一个人美或不美，应着重从内在美评价。

现实社会中的人，有的是外表美，内心也美；有的是外表美，内心却不美；有的是外表不美，内心却很美；还有的是外在不美，内心也不美。例如，《红楼梦》中的林黛玉和贾宝玉，可以说是内在美与外在美相统一的典型形象。就外表而言，他们是很美的；就内心而言，他们是封建统治阶级内部的叛逆者。虽然他们的爱情是以悲剧而告终，但他们忠于爱情，反抗封建婚姻制度的斗争精神唤起了人们的同情。王熙凤，从外表来看也是个大美人，她"身材苗条，体格风骚"，那副打扮"恍若神妃仙子"，可是她却是个"嘴甜心苦，两面三刀""上头笑着，脚底下就使绊子""明是一盆火，暗是一把刀"的人物。《巴黎圣母院》中的卖艺女郎埃斯美拉达，不仅外表美，内心也善良。菲比思虽然外表很美，但他却是一肚子坏水，是一个道貌岸然的伪君子，以至于使埃斯美拉达为之倾情，把他比作"太阳神"，甚至发现他很坏时仍然恋恋不舍。卡西莫多又聋又哑又驼背，容貌很难看，被人称为"丑八怪"，但是他在营救埃斯美拉达的斗争中，却表现出忠诚、勇敢，具有自我牺牲的精神和高尚的品质，他的心灵无疑是美的。

内在美体现着人之美的本质，故而比外在美所形成的美感更加深刻持久。而外在美所引起的美感常常是变动的、易逝的、带有不确定性，原本以为是美的东西，随着时间的流逝、审美观点的变化，人们会觉得不再美丽。同样，原本以为是丑的东西，人们现在却认为很美丽。这足可以见，外在美是极不确定的，一个人内在的精神竟可以改变世人的审美标准。而这种内在美的精神，事实上，对外在美也会产生重要影响，"诚于中而形于外"。内在美的精神会自然而然地流露出来，对外在美产生深刻影响。

内在美作为一种美的精神，往往具有永恒的价值。一个人的思想行为越有利于社会、他人，个人存在的社会价值就越大、越永久，他就越高尚、越美。心灵美始终起着决定性作用。

总之，社会是复杂的，人的内在美与外在美的关系也是复杂的。外在美是内在美的形式载体，内在美是外在美的依据渊源，我们既要具有美的内在精神，又要重视美的外在表现，努力达到内在美与外在美的统一。当外在美不如别人时，我们可以通过加强自身的素质修养和学识提升等来增加自己的内在美，同样可以使自己富有魅力，让他人感受到你的美丽灵魂。因此，一个人美不美，不能只停留在外表美上，而应该侧重于心灵美。

五、风度美

（一）什么是风度美

所谓风度，就是指一个人的精神状态、个性气质、文化修养、思想品质、道德风貌、生活习惯、着装打扮等方面，通过自己特有的言谈举止、姿态动作自然而然地流露出来的一种个性鲜明的神韵。这种神韵是很习惯、很自然地表现在这个人的言谈举止间的。哪怕是一言一笑、一顾一盼，都给人以鲜明而又难以言传的美的感受，这就叫风度美。可见，风度美主要是指一个人经过后天多方面的修养、磨炼而逐渐形成的一种较为完美的精神状态。这是呈现于人体外表的一种具有内在个性气质美的特征。简言之，所谓风度美，就是一个人的内在美与外在美和谐的自然流露。人的气质蕴藏在内心深处，洋溢于行为外表，它比自然形态的容貌更能打动人。可以说，容貌的美只是物质结构的和谐组合，而气质的美则是一种优美的精神力量的辐射。美的气质，不论处在怎样的环境中，都能给人带来美的感受。现实生活中，美丽不迷人、容貌不美而魅力无穷的例子不胜枚举，这说明一个人的气质是何等重要。气质美具有特殊迷人的韵味，它反映出人在一定社会关系中美的自我创造能力，比单纯的容貌美更能显示人的本质力量，因此，更能产生精神的愉悦和情感的冲动。如果你容貌姣美，这是天赋的优势，但不要忘了，你还需要美的气质；如果你容貌不美，那就更应该加强自我修养，让美的气质来弥补自然条件的缺憾，使你变为较为一个完美的人。

（二）风度美的形成

1. 风度美的形成与职业有关

人们由于长期受某一职业特点的影响，其思维方法、生活习惯、精神状态、穿着打扮、言谈举止等都具有这一职业的特点。

2. 风度美的形成与民族风俗习惯有关

每个民族都有自己的生活习惯。由于地理环境、宗教信仰、文化传统、思想观念、传统习惯的不同，各民族的风度各具特色。例如，非洲人与亚洲人，西方人与东方人的风度差异就比较大。在中国，南方人与北方人的生活习惯是不同的，流露出的风度也是迥然不同的。蒙古族草原的牧民与中原的农民，其风度也有很大的差异。

3. 风度美的形成与时代有关

同一个民族，处于不同时代，所表现出来的风度也有很大差别。一个人生活在某一个时代，他的思想、言谈举止、穿着打扮、精神面貌，往往受到这个时代精神的影响，具有鲜明的时代特点。例如，先秦时期，各国为了争雄称霸，招贤纳士。在这一时期，有些有识之士，胸怀大志，对治国安民之道，各抒己见，形成百家争鸣的局面，形成正气凛然的风度。秦始皇灭掉六国之后，巩固其统治地位，使这些有识之士再也不敢谈国事，问政治，躲到深山，饮酒清谈，观山赏月，不问世务，形成飘逸隐士的风度。盛唐时期像李白这样的诗人，饮酒作诗，歌颂太平盛世，形成谈笑风生豪放无忌的风度。当李白看到唐王朝政治开始腐败，他不甘心侍奉权贵，就游遍天涯，求仙访道，形成他特有的飘然若仙的风度。清政府的腐败统治，如郑燮这样的有识有才之士，虽胸怀大志，但不敢揭露时弊，形成抑郁怪僻的风度。改革开放的今天，善于实干，敢于创新，勇于进取的风度，又被称赞为美的风度。纵观历史，各朝各代，某一风度的形成，往往与所处的时代风貌有关，具有鲜明的时代特点。

4.风度美的形成与文化修养、道德品质有关

风度美是内在美的自然流露。文化修养、道德情操、性格特点、思维能力、知识结构、世界观、人生观又是构成人的内在美的主要因素。因此，风度美在很大程度上取决于人的这些因素的修养程度。风度美，作为人的一种高级形式美，必须有深厚的内在美作为基础。只有根深，才有可能叶茂。知识贫乏，孤陋寡闻，思维简单，反应迟钝，风度美从何表现出来？知识丰富，广闻博见，思维敏捷，反应灵活，聪明伶俐，道德高尚，在言谈举止中就会自然流露出来。因此，内在美是风度美的关键，心灵美又是内在美的核心。

5.风度美的形成与年龄、性别有关

老年人有老年人的稳重的风度，青年人有青年人的朝气蓬勃的风度，男人有男人的风度，女人有女人的风韵。男人如果坚毅沉着，机智勇敢，宽宏大量，正直诚实，勇于进取，敢于拼搏，思维敏捷，稳重大方，往往给人以温暖、安全、可信的风度。这种风度人们称为男子汉的风度。男子汉的风度，主要是指一种强烈的进取心、坚毅沉着的性格、宽宏大量的气度、自然大方的言谈举止，以及健美的体格和得体的服饰等，给人以阳刚之美感。女性有女性特有的风韵。女性风度美的特点是温柔、活泼、端庄、淑静。因为粗暴、悍泼不是女人的秉性。在情感特点上要有女性的魅力，情绪要稳定，情感要深厚，因为任性而神经质会令人讨厌；在社交态度上应优雅大方。不刻板，不扭捏，因为卖弄风骚只会引人厌恶。在意志上，应表现出自持、有抗诱惑、拒腐蚀的克制力；在智慧上，要有一定文化知识和艺术修养，敏锐而机智，聪明伶俐。女性以温柔的性格，细腻的感情，文雅娴静的言谈举止，自然而然地表现出"阴柔"之美。很显然，男性与女性的风度美，有固有的差别。一般来说，男子体态较粗壮、矫健，女子体态较轻盈、娇弱；男子较刚劲，女子较温顺；男子比较理智，女子比较感性；男子注重逻辑推理，女子常凭直感行事；男子严峻，女子热情；男子偏重于概括，女子善于分析；男子勇敢，女子富于同情心；男子热衷于抽象概念，女子关心具体事物；男子比较果断，女子比较审慎；男子比较容易激动，女子则往往受心境支配；男子敢作敢为，女子勤奋不懈。所有这一切，都说明男子的风度与

女子的风度有天然差别。当然也有例外的情况，如有的女强人，飒爽英姿，泼辣大方，精明强干，具有女性美的另一种韵味；有的男子温文尔雅，彬彬有礼，性情温和，办事谨慎，具有男子汉的另一种气质。

（三）风度美的培养

风度美既然是多种因素构成的，要想培养自己美的风度，就应该从形成美的风度的原因入手，逐渐培养。一个人的风度，不可能在短时间内培养出来，更不能机械模仿。如果机械模仿别人美的风度，不但不美，反而常会闹出笑话来。中国有个成语，叫作"东施效颦"，说的是，从前有一个美女，名叫西施，天生丽质，奇美无比。她的一举一动，一顾一盼，都能给人以强烈的美感，无穷的魅力。有一天，西施因心口痛，皱着眉、按着胸，步履轻盈地路过邻居家。这家邻居有个女人，容貌很丑，她很羡慕西施长得美。当她看到西施皱着眉、按着胸，轻盈走路的样子，越发感到西施妩媚动人。于是，她也学着西施的样子，皱着眉、按着胸，轻盈地走路，她认为这样一定是妩媚动人的。但是，当她在众邻居面前，皱着眉、按着胸，轻盈地走来走去的时候，众邻居都笑了。众邻居为什么都笑了呢？原来这个丑女人不是心口痛，而是故意装出来的。机械模仿西施皱眉、按胸、走路，结果不但不美，反而更丑了。邻居嘲笑这个丑女人，管她叫东施。这个故事越传越广，久而久之，"东施效颦"就成了一个成语典故。这个故事告诉人们一个道理，风度是不能机械模仿的。这对那些不顾自身特点，生硬模仿别人风度的人来说，是一个很好的启示。电影演员为了演某一名人，不仅要求长相形体与人物相似，而且在神韵风度上也要差不多。前者通过化装可以做到，后者就没那么容易了。演员的模仿能力虽然很强，但是要把某一人的气质与风度表现出来，是有一定难度的。为此，要经过专门培养，才有可能把某一名人的风度演出来。由此可见，美的风度是培养出来的，不是机械模仿所能奏效的。那么，怎样培养自己美的风度呢？一个人的风度大都是从青年时期开始形成的。这是因为，一个人处于青年时期，生理、心理和社会属性会发生相应的变化。青春活力，血气方刚，成为青年风韵独秀的天然动力。伴随着自我意识的增强和爱美心理的形成，培养自己的风度美很容易成为习惯。从屈原、李白、诸葛亮到孙中山、周恩来、梅兰芳，他们都是在青年时代就形成了非凡的风度美。可见，青年时期是培养风度美的关键时期。那么，青年学生如何培养自己的美的风度呢？

第一，要注意内在美的培养。这是因为，精神世界的美与丑，是形成风度的内在根据，唯有美丽的情操，才有照人的风采。长期卓有成效的思想文化和道德品质的修养，是形成风度美的重要因素。青年正是长身体学知识的黄金时代，也是世界观形成的关键时期。因此，要倍加珍惜自己的青春年华，立志高远，努力学习，加强道德文化修养。英国哲学家培根曾说过："读史使人明智，读诗使人灵秀，数学使人周密，哲学使人深刻，伦理学使人庄重，逻辑修辞学使人善辩。凡有所学，皆成性格。"荀子曾说过："积土成山，风雨兴焉；积水成渊，蛟龙生焉；积善成德而神明自得，圣心备焉。"人们常说："根深叶茂。"这些都说明唯有内在美，才能导致外在美。而内在美却非一日之功，它需要长期不懈的努力，不断地积累知识，加强思想文化和道德情操的修养，才能培养起来。潇洒飘逸的李白，雄浑豪放的郭沫若，铮铮铁骨的鲁迅，大度非凡的周恩来，文武双全的陈毅，他们所特有的风度，无不基于他们卓越的思想文化修养。

第二，要正确认识自己的个性和社会角色。每个人都有自己的个性特点。就一个人的性格来说，既有先天因素，又有后天因素。俗话"江山易改，禀性难移。"说的是改变一个人的性格并不容易。但是，只要正确认识自己的性格，就可以自觉地进行锻炼、培养，扬长避短，变不好的性格为良好的性格。例如，性格孤傲的人，风度显得傲慢，常处于孤芳自赏、目中无人的状态；性格软弱的人，风度就显得纤细委婉，优柔寡断；性格强悍的人，风度显得粗犷，叱咤风云；性格文静的人，风度显得淡雅、恬静、文质彬彬；性格活泼的人，风度显得洒脱、豪放、轻捷灵敏；性格刻板的人，风度往往显得沉郁、滞重、谨慎过人。我们可以从这些性格特点中找出自己的长处和短处，在日常生活中自觉地扬长避短，久而久之，就会发扬自己的优势，克服自己的不足，培养自己的良好性格。一旦形成良好而稳固的性格，风度美往往蕴含其中。

每个人都在一定的社会地位中生活，都有自己的本职工作。也就是说，每个人都应正确地认识自己的社会角色。人们的社会角色不同，其所表现出来的风度也各有差异。每个人的风度应与自己的年龄、身份、职业特点相适应。不顾自己的职业特点和个性特点，不顾场合和社会环境，大失风度，往往会丑态百出，贻笑大方。

第三，要注意语言美、行为美的培养。语言是思想的外壳，是人们交流思想情感的工具。言为心声，同样一个意思，不同的人表达出来，其效果往往不一样。

每个人的行为，都是受其思想支配的。行为美与不美，可以证明其思想美不美。人们常说："察其言，观其行。"看一个人心灵美不美，不仅要察其言，更重要的是观其行。一个人如果只是说起话来头头是道，而在实际行动上却另搞一套，那么，人们对这种言行不一的人自然会产生反感，还有什么风度美可谈呢？行为美是各种各样的，但从根本上说，一个人的行为能给他人带来温暖、幸福，给社会带来友善安定，能促进社会文明的进步和发展，才是美的，反之，则是丑的。

总之，语言美，行为美是心灵美的表现。心灵美是内在美的核心，内在美又是风度美的关键。所以，要培养美的风度就要在道德、文化修养上下功夫，要在语言行为上表现出来。

第四，要注意服装仪容的修整。青年学生无须在着装打扮上过分修饰，朴素大方，保持自己的衣服干净整洁即可。因为青春本身就是自然美。过分地修饰打扮往往会喧宾夺主，把自己的自然美掩盖起来是很可惜的。如果能根据自己的形体特点和情趣爱好，恰到好处地扬长避短，锦上添花，使本来的自然美与装饰美浑然一体，巧夺天工，相映生辉，那当然也是美的。但是，把精力用在这方面，既影响了学习，反而弄巧成拙，破坏了学生特有的风度美。

总之，风度美不是与生俱来的，是经过后天长期努力培养起来的。人的风度美是各具特色的。青年学生有其独特的风度美。风度美的表现形式是因人而异的，不能生硬机械地模仿，只能长期培养。

六、科学美

（一）什么是科学美

科学美来源于自然美，但它不是指大自然的外在感性美（景色美），而是指潜藏在感性美之后的内在理性美（理论美）。自然美可以被感官直接感知，科学美不能被感官直接感知，而要在对自然界隐藏的内在和谐做了观察、研究之后才能体验到。科学美包含理论美、公式美、实验美、内在的形式美和科学研究的创造美等。

科学美在各门自然科学，如数学、物理、化学、生物学等学科中广泛地存在着。千百年来，各门自然科学既告诉了人们真理，也展示了美的光辉。人们在掌握科学的公理、定律、定理、公式、实验等规律后，就会心满意足、精神愉悦，产生一种成就感和自豪感。可以说，科学美带给人们更多的智慧和愉悦。在美的形态中，科学美是最难感受的美，因为要求欣赏者必须具备一定的科学修养，需要极强的想象力和理解力，只有掌握相关的科学知识，才能领略到这种特殊的美。

（二）科学美的特征

1. 和谐

和谐是指事物的各部分协调合度、分配适当、均衡匀称、多样统一。美学家大都主张"美是和谐"。毕达哥拉斯学派的学者们研究发现，长方形的宽与长的比大约为5：8时图形最美。哲学家柏拉图为它命名"黄金比"。这个"黄金比"成为绘画、雕塑、建筑等艺术中，最富审美价值的比例，也是人体、动物和植物优化结构的基础。如，解析几何把代数、几何和逻辑学有机地统一起来；牛顿力学把宏观运动统一起来；元素周期律把物质世界的元素井然有序地统一起来；生物进化论把几百万种生物起源统一起来等等。在自然界进化过程中，凡是能表达自然这种内在特征的理论，都具有美学价值和表现了和谐美。

2. 对称

科学理论中，对称性的美学意境，引起很多科学家的神往与迷恋。在数学中，如中心对称、轴对称、方程与图形的对称等都给人以美感。但在科学美的意义上，对称美并不局限在客观事物外形的对称，还表现在空间对称、时间对称、性状对称、守恒对称等。数学中，正数与负数，有理数与无理数，实数与虚数，加法、乘法与减法、除法等都体现了对称。物理中，电场与磁场，负电子与正电子，阿基米德的杠杆定律等也都体现了对称。化学中，合成与分解、氧化与还原等也体现了对称。这些科学的理论都是因为有很美的对称形式，给人以圆满、匀称、稳定的美感而受到欣赏。

3. 新奇

科学理论只有具有创新和突破的内容，得出奇特、新颖的研究成果，才具有高度的审美价值。按美的产生和发展条件来分类，笔者分别分析了自然美、社会美、艺术美、科学美几种形态。其中自然美与社会美同属于现实美。现实美是艺术美与科学美"取之不尽，用之不竭"的创造源泉和坚实基础，比艺术美、科学美更生动、更丰富。但其往往是零散、偶然、不集中、不强烈、不鲜明、不完整的，而且还受到时空的局限。

艺术美是艺术家把现实美的碎片集中起来，突破时空，重新组合，使之成为更鲜明、更强烈、更典型、更理想的审美对象。科学美是科学家创造性地发现现实美的内在结构和内在规律。现实美和科学美往往和实用相结合，艺术美主要是满足人的精神需要。

第三章 高校美育课程建设

第一节 高校美育课程建设的目标及内容

一、美育目标的一般构成

(一)价值目标

在美育目标体系中,价值目标可以定义为人们进行某项活动的总目的。相比美育终极目标而言,价值目标显示出现实性特点,具有一定的可操作性,可以指导阶段性教育和具体的教育评价。这类目标在整个目标体系中主要起到承上启下的作用,它是终极目标的具体化(承上),也指导具体美育目标的制定(启下)。从某种程度上看,美育的价值目标更多体现为现实性的功利目标,是基于人的基本需求而制定的。例如,当前美育的一个基本目标就是通过审美教育,使个人的素质、技能得到提高,在生活和工作中占有更大优势,因而这样的目标是以明显的成效来衡量的。再如,通过美学专业课的学习,实现对美学知识体系进行系统掌握的价值目标;通过参加音乐、美术、舞蹈等艺术课程的学习,实现掌握一门艺术技能或提高艺术鉴赏力的价值目标;通过亲近大自然或游览人文景观,领略自然的雄伟壮丽和巧夺天工,从而发出对自然的讴歌和对生命的礼赞。从某种程度上说,美育的价值目标是美育的现实性目标,是当下经过规划和实施可以达到的美育境界。

(二)终极目标

相比价值目标而言,终极目标实际上是最高目标,美育的终极目标就是建构精神人格完整的人。可以说,美育的终极目标始终是对人的生存意义的关注,以人的自由和全面发展为终极目的。审美具有批判现代性和对抗工具理性的特征,以美成人的美育使人具有超越性,从而达到审美的境界。人的根本属性是社会性，个体自身人格的不断完善，在某种程度上也会推动国家制度的完善和社会的进步，因此，个体自身的和谐对一系列社会问题具有积极意义。对于美育来说，需要我们不断深入分析其终极目标，从人格的发展和完善的角度来把握美育的发展，用审美和艺术的方式把个体引入和谐、从容、超越一切物质束缚的境界中，在感性与理性之间找到平衡，使个体内心达到一种安详、融洽的状态，这是美育目标的根本指向。

二、现代高校美育目标

（一）高校美育目标

实施以美成人的高校美育实际上指出了当前高校美育目标的基本定位，即始终针对纯粹的唯理性主义和物质主义的突破，始终坚持促进人的全面发展和美好生存。与此同时，完善人格的培养从另一方面提出了高校美育的总体目标，即始终围绕大学生人格养成、大学生人格完善而进行美育目标的选择和设计，这是新时期确定美育目标的主要依据。针对大学生人格所体现的具有人文关怀、积极乐观、独立和谐、开朗热情、创新洒脱等特质，高校美育目标应由以下三个维度的子目标建构而成：

第一，提升大学生的审美需求层次。这一目标旨在强调关注学生的生活和审美认知的内在动机。大学生的审美心理是自主建构的，而不是通过"灌输"形成的，如果在审美教育中忽视大学生的自主性，没有充分重视大学生审美意识的自由发展，提升大学生内在的审美需求，那么大学生内在的审美人格便不可能建立起来。

第二，培养大学生全面的审美情感和审美判断，协调大学生人格中感性、理性等要素共同发展，并形成有机联系，旨在强调美育在协调大学生人格发展中的现实作用。既然审美教育不是通过"灌输"来影响人格的完善，那么发展大学生的审美情感和审美选择就应该是一项基本的目标设定。

第三，引导大学生形成稳定化、普遍化的理想人格结构，使其逐步适应当前社会发展的时代人格品质的形成与确立。这既是审美需求层次提升的结果，也是审美判断和审美情感处于高级阶段的确证。

（二）高校美育目标的具体实施

1. 培养大学生的审美感受力、判断力和创造力

逻辑思维、形象思维和直觉思维是人类最基本的三种思维方式，其中逻辑思维和形象思维直接关系着人们在实践中的创造性发挥。美育具有鲜明的形象性、愉悦性、情感性等特点，能够充分促进大学生个体的直觉以及形象思维能力的发展，进而提升个人的综合素质。尽管美育目标最低的层次是满足人的功利需求，但在实践中也需要通过对审美对象的外在感性形式进行直觉感悟和审美评价，逐渐激发个体的直觉和感性思维，不断培育个体的想象力和创造力。在长期实践中，要不断引导大学生感知美、欣赏美，在体验美的过程中形成发散思维和增强对美的判断力，促使自身的创造力得到潜移默化的提升。一本好书塑造的感人形象可以唤起大学生内心的激情，一部好电影的境界可以引起大学生对美好生活的无限向往与渴望，一次精彩的画展可以激发大学生无限的想象力和创造力。美育在各种美育形式的实施中"春风化雨"般地影响和改变着大学生的审美能力。

2. 培养大学生的审美意识和审美价值追求，使其超越"功利"

在培养审美能力以及关注审美素养提升的同时，美育活动的目标还应实现对功利生活的精神超越，促使美育脱离一般的功利价值目标体系，暂时放弃实用性的考虑，形成一种超越功利的审美意识和价值追求。在审美活动中，人要超越日常看待事物的方式，摆脱现实中的利益关系，与现实中的生活产生一种"距离"，把物我关系由实用主义变为审美主义，达到"潇洒脱俗""超然物外"的超功利审美境界。这种观念有利于打破肤浅的人生价值和幸福观念，避免由于"急功近利"而"目光短浅"，把人生目标仅锁定于对物质的极度追求，而完全抛弃了精神追求。自有人类历史以来，亘古称颂的从来不是富甲一方的官员和商人，而是给人类留下宝贵精神财富的思想家、哲学家、科学家。实施美育，就是要使大学生在"撕碎的美"或"含泪的笑"中得到情感的升华和心灵的净化，进而引发他们对生命意义和价值的深层次思考，让他们在不同于物质功利标准的新价值标准中生存，去体验更加永恒的生命价值。

3.培养大学生追求理想人格的自觉，使其实现审美人格的精神建构

人的心灵世界本身就是一个感性的、意义丰富的世界，审美人格的精神建构需要在个体主动参与和创造过程中得以实现，是人内在精神的一种积极探寻和建构过程。自我"全面而自由"地发展是人类永远的梦想和渴望，是理想的人格境界。美育目标在这一方面要不断提供契机、情境和氛围，以美的旋律拨动学生的"心弦"，激发他们内心深处对美的渴求，以及对美的想象力和创造力，促使学生在个体的成长和建构中，把对理想人格的追求当作自觉的愿望和行动，积累和养成个体的人文关怀精神，以及独立和谐、开朗乐观、创新洒脱的内在品质，并不断使其得以发展和提高，推动自我人格建构不断走向丰满和成熟。

三、高校美育内容和美育功能

（一）美育内容的基本类型

1.按照教育范围分类

按照教育范围，美育可以分为家庭美育、社会美育和学校美育。其中家庭既是人生的起点，也是美育的起点。家庭审美教育给予人的影响是基础性和不可替代的。之所以如此，是因为家庭美育是建立在以血缘和亲情关系为纽带的家庭日常生活基础之上的，家庭日常生活的内容极为丰富、广泛、具体，并处处注入感情因素，对家庭成员尤其是孩子产生全面入微的深刻影响。家庭美育的主要对象是孩子，父母则是家庭美育的天然教师。应该把家庭日常生活看作一种教育，从家庭找到美育实施的途径。社会是一个广阔的空间，为审美教育提供丰富的素材。社会美育的领域极为广泛，影剧院的演出，电视、广播中的节目，音乐厅、展览馆、博物馆、文化宫、俱乐部、体育场、游泳池、图书馆，以及生活环境的美化、风景游览区的开发、名胜古迹的整修，还有商店橱窗的布置、路边广告的设计，这些都可以作为社会美育的工具和场所，成为社会美育的组成部分。人的内在世界的美、精神世界的美，以及人的心灵美是最具重要意义的美、最富于光彩的美，是社会美的核心、人类美的精髓。学校美育是对大学生进行人格养成教育的有效途径。基于学校本身"教书育人"的基本功能，在大学校园中通过实施美育来促进大学生理想人格养成和思想素质提升均有相

对便利的环境条件。

2. 按照性质分类

按照内容性质，美育可以分为自然美育、艺术美育、人生美育。自然美是最原始也是最贴近人类生活的美，它就蕴藏在大自然中。自然不仅为人类的生存发展提供基本的物质基础和环境，也是丰富人的精神生活，使人获得美感的基本源泉。自从人类开始用审美的眼光来看待世界，大自然就成了人类的审美对象。只要我们身处大自然中，就能够陶冶于大自然的美，就可以受大自然的教育。想要进一步欣赏自然美，真正实现自然美育，就必须了解自然美，提高对自然美的欣赏能力，培养大学生热爱自然之情。艺术是艺术家借助一定的手段或方式对现实生活的典型性概括反映，是艺术家创造性劳动成果的产物。艺术美源于现实美，又高于现实美。艺术美育是现实美的凝练和集中，它包括音乐艺术美、美术艺术美、影视艺术美、文学艺术美和环境艺术美等。人生美育也是审美教育的重要组成部分，人有心灵美、形体美，有属于人与人之间的语言美、服饰美，也有属于群体活动的环境美、人情美。人生美是指社会事物、社会现象、社会生活的美，它是"美的最直接的存在形式""是现实生活美的最主要、最集中、最核心的一部分"。人生美育主要是由人的思想、意识、情感以及它们在人和自然的相互关系中的体现而组成的。

（二）构建高校美育内容的基本思路

1. 尊重学生的成长规律

大学生群体处于已经成年，但又未真正走上社会的人生关键阶段，其身心发展特征、规律与中小学生和社会成年人截然不同，因此，高校在设计审美教育的内容时应该尊重学生的这一成长规律。一方面，要在对大学生人格形成和发展规律研究的基础上，从人的认知、情感、意志和行为四个层面入手，有针对性地选择和设计教育内容，以达到科学地、循序渐进地培育审美价值观的教育目的；另一方面，高校在设计教育内容时，要注重教育内容既要符合当代大学生自主性较强、个性张扬、思想求异等身心特点，又要符合大学生在思想、心理、行为等方面的成长规律。

2. 尊重审美教育的规律

在审美教育过程中，教育目标可以凭借自然美、社会美和艺术美等多种途径得以实现，而最基本的审美教育活动主要通过审美创造与审美接受来实现其审美教育目标。因此，高校在设计教育内容时，要尊重审美教育规律，教育内容要与审美接受的内在规定性相吻合，也就是要贴近大学生的审美需求，从而使大学生产生对于教育内容的认可，激发其内在的审美需求，形成对于审美的正确理解，产生强烈的审美意愿。审美创造是受教育者根据一定的审美理想，按照美的规律，运用不同的物质手段，自觉进行的审美实践活动。审美理想与社会现实的差异是审美创造的动力。审美教育要使受教育者认识审美理想的丰满、反思社会现实的不足、唤醒受教育者的创造欲望，帮助受教育者实现审美过程的形象性和情感性的内在统一，并赋予其情感以内在理性，从而使受教育者的审美创造实现从无意识到有意识、由自发到自觉的演变过程，达到水到渠成的教育效果。

3. 尊重时代发展的规律

我们处在这样一个时代：与不远的过去相比，大学生的思想、心理和行为以及他们所处的学校、家庭与社会环境都发生了变化，并且正在发生巨变。审美教育的内容能否做到尊重时代发展的规律，不断改革创新、与时俱进，直接决定教育效果的好坏。构建新时期以美成人的美育内容要尊重时代发展的规律，具体包括两层含义：一是要结合时代发展的需要创新教育内容，如加入传统文化审美教育、审美实践教育等；二是要赋予审美认知教育等传统内容以发展新的时代内涵。尊重时代发展的规律，就是要顺应时代发展，美育要随着时代的变迁而与时俱进，在内容上要不断丰富和创新，使之成为当代青年大学生喜闻乐见的内容，更愿意去接受、更乐于去接受、更有兴趣去接受，使美育内容的创新成为美育发展过程中的关键一环，这既符合美育内容发展的内在规律，也符合美育内容发展的时代要求。

（三）高校美育的教育内容

本文所构建的审美教育内容以大学生人格养成为根本出发点和落脚点，从人的审美心理结构基本规律出发，着重加强审美认知教育、审美情感教育和审美实践教育等方面的内容设计和实施。

1.审美认知教育

在理解审美认知教育的基本含义之前，首先要弄清楚以下几个基本概念：第一，认知是心理学家描述人的认识能力概念，既包含一种动态性的加工过程（认识），也包含一种静态性的内容结构（知识）。对于认知的理解，学者之间还存在一些差异。第二，"审美"一词源于希腊语，原意为感性（The perceptual），由18世纪德国哲学家鲍姆加登（A.G.Baumgarten）提出，为美学之意。可以归结为审美是一种情感活动，同样，审美也是一种认知活动。审美认知是指在已有的审美认知图式下对审美情境中与审美主体产生审美关系的客体的欣赏和认知，包括感知、判断、推测和评价在内的审美心理活动，而不仅仅局限于或等同于其中的某一过程。

综上所述，审美认知教育实际上是对于审美活动中的认知过程和接受过程的教育实施，是对美的信息进行输入、编码、转化、储存、提取运用等的审美信息加工活动。从审美心理学的角度来看，审美认知教育是促使学生形成一个审美心理认知结构。这一结构是审美个体在审美活动中形成的，并对未来的审美活动起着支配作用。在审美教育活动中，主要包括对于审美理论知识的把握和了解、对于审美信息的加工和处理，以及审美活动心理机制的控制与把握。审美认知教育是个体进行审美活动中的重要环节，是获得和运用加工审美信息的内部心理活动，对于形成正确的审美感受和审美意识具有重要作用。

2.审美情感教育

从概念上讲，审美情感是指审美主体对于美的各种意识形式的情感表现和内在心理表现，审美情感教育包括审美关爱教育、审美理想教育和审美修养教育等。在审美活动中，审美情感产生于主体的审美实践之中，而又引导、规范着主体的审美实践活动。在以美成人的审美教育活动中，应注重以下几方面的教育内容：

第一，审美关爱教育。一般来说，人的基本需求大致分为物质需求和精神需求。审美情感是在审美活动中自觉获得的内在心理感受，审美关爱教育与一般的审美认知教育不同，它并不与实用功利目的直接联系，注重的是人格本身与审美情感的内在契合。在审美关爱教育中，最重要的是教会当代大学生学会关爱、学会真诚，建构人格中中国传统文化所特有的"仁"的特质。

长期以来，由于受各种社会思潮的影响，以及高等教育改革中产生的一些矛盾尚未解决，在当代大学生人格发展过程中，实用性和功利性的追求得到了部分学生的价值认可。而在现行的教育内容中，对于关爱、真诚的教育往往被忽略。当前不少青年学生由于是独生子女，过多地以自我为中心，过多地关注自我得失，而忽视他人的情感，在人际交往方面产生了不少困惑与问题。而归结这一问题产生的原因，缺少审美情感教育是一个重要方面。由于家庭、学校对于学生缺乏关爱、真诚方面的教育影响，学生在日常行为中缺少对于审美情感的关注，没有形成对于关爱、真诚等重要审美情感的重视。从一些高校的审美教育来看，培养青年大学生的审美情感并不难，关键在于高校美育的发展和建设。当前不少高校倡导和组织志愿服务活动，如定期开展敬老助残活动、社区服务活动、爱心募捐活动等，这既是一种有效的德育手段，也是培养当代大学生审美情感的重要方式。除此之外，学校还可以通过美育课堂的教育、校园文化环境的熏陶、校园文化活动的引导，帮助大学生形成健康的人格。因此，在大学生的人格养成教育中，以审美情感的熏陶和培育为目的，通过开展丰富多彩的关爱教育活动，使他们学会对他人具有发自内心的体恤和关爱，在家庭关爱亲人，在学校与人真诚相处，尊重老师、帮助同学、关心集体，形成高尚的道德品质、良好的行为习惯和自觉的团队合作意识。长此以往，大学生能够自觉形成积极的情感体验，建立关爱意识，懂得关爱身边的人和事，这对于完善大学生的自我人格品质具有重要意义。

第二，审美理想教育。审美理想是审美意识中居于最高层次的审美范畴。在艺术活动中，审美理想得到了最充分、最集中的体现。它是在审美经验的基础上产生的，并且是这种经验的高度概括。审美理想产生于社会实践中人的全部社会活动，从一定意义上说，就是不断地认识现实、产生理想并实现理想的过程，人的审美理想就产生于这个过程中。作为审美经验的凝结与升华，审美理想与一般的社会理想、观念又有所不同，而且是有经验性的形象特征，非逻辑概念所能涵盖或替代。但是，要充分表现审美理想，使审美理想"物质化"，变成任何人都可以接受的东西，只有借助透视审美理想的"棱镜"来反映现实的艺术才能做到。

审美理想在人的认知活动中发挥着极为重要的导引与推动作用。对美的坚信与追寻是许多重大科学发明的基本动力。审美理想并不是表现出来的逻辑形态，而是深藏于审美主体内心的审美经验和艺术直觉。审美理想是审美主体的先验条件，为审美活动提供标准，是审美活动发生的重要前提，也是审美活动的基础和前提。因此，审美理想对认识活动产生着重要影响，这是因为审美认知以审美理想为恒定的认知标准和尺度。树立正确且积极向上的审美理想，对于当代大学生的人格养成具有极其重要的作用，它使认知活动指向理想人格，以理想人格提供的标准和条件为前提来建构大学生的人格。

第三，审美修养教育。修养一般指个体的自我锻炼、自我培养，以及在此基础上形成的各种能力和品质。审美修养教育则是在审美教育中有意识地促进受教育者审美心理结构的自我完善和发展，也就是实现从审美他育到审美自育的转变。从这个意义上讲，审美修养教育是审美教育一个极为重要的目标。在我国，审美修养教育有着深厚的文化基础和现实意义。我国古代很多美学思想家从不同方面阐述了以审美教育的理念作为导引，来构建个人多方面修养的重要作用。比如，孔子曾提出"修己以教人""修己以安人""修己以安百姓""文质彬彬，然后君子"等重要思想，把内在修养与外在举止的统一作为理想人格的基本特征。

在审美情感教育过程中，要引导学生注重自己的自我形象修养、内在气质修养，帮助学生慢慢认同正确的审美修养标准，并自觉地以这一标准来要求自己，逐渐具有人格的审美影响力。审美修养与德育的区别在于，它不是依靠强制的手段和反复地灌输来为学生树立某种标准，而是尊重每名学生的个性特征，注重强调氛围的熏陶和影响，引导学生对于自我修养的主动性，以美的标准来促使学生从内心深处主动提升个人修养，并使自身的改变不断地通过气质和魅力散发出来，从而得到大家的充分尊重。

终极意义的审美情感教育应该帮助人们达到一种和谐的状态，促使人不断追求，最终体现人们全面个性的发展。

3. 审美实践教育

审美实践教育可以有效地促进感性发展，实现审美情感教育，从而促进完整人格的形成。感性既指向艺术，又指向现实，美育以感性为起点，实现价值生成。在当代社会，人们生活在数字与图像的包围中，审美感官的迟钝及感知对象的非真实性成为影响人全面发展的重大问题。作为感性教育的审美教育，其首要任务就是培养人对外部世界的感知能力，即整个身体与对象世界的相融。虽然这种教育目标看似低级，但对人的全面发展却是具有奠基性的。感性发展既包括感性要求的满足与解放，又包括感性的提升与塑造。审美实践教育一般包括审美体验和审美创造等环节。审美实践是通过人的自主性实践，逐渐体会人自觉地对美的创造，并将美的内涵最集中、最直接地体现出来。审美实践教育是功利与超功利的统一与结合，它既内合于美的无功利性，又指向人格养成这一功利性目标。

社会美是审美实践的重要环节。一般来说，人的生命首先是一种自然生命力，生命的存在使人具有自然的需求和欲望。

然而，在人类漫长的进化过程中，人的感性生命在社会实践中不断受到理性的规范，并逐步积淀为社会文化内容，这使人的感性生命有了新的内涵。可以说，真正的人的感性能力应该是作为社会人的感性能力，即渗透着认知力、理解力、判断力等理性要素的感性能力。

美育是以审美形式解放人的感性因素，并使之得到适当释放和文化提升的过程，从而达到激发深层心理活动中非理性因素的目的，使之保持旺盛的活力。在美育实践中要注意感性发展的这两个层次，既要满足学生基本的感性需求，又要使学生的感性能力得到提升。感性需求的满足是提升学生感性能力的基础，感性能力的提升又会进一步使学生获得更高层次的感性满足，这两方面是互相渗透、互相促进的。目前的美育实践偏重知识技能教学，忽视学生的审美需求、兴趣和个性，学生的感性需求无法得到满足，也就很难提高学生的感性能力。既然学生的需求无法在学校美育中得到满足，学生自然会把注意力投向校外，更多地受到大众美育的影响。因为学生缺乏感性能力，难以抵抗大众美育一些消极因素的影响，逐渐沉溺感性世界，过度强调个人主观情感的宣泄，追求单纯的感官刺激，从而失去了原本对自然、艺术和人生的理性思考与把握。

美育实践以发展学生的感性能力为首任。因此，在教育过程中，既要尊重和发展学生的个性，又要以直观的审美形式为依托。这是因为感性寓于个性中，没有个性也就没有感性，而富于意蕴的直观形式能够给人的感性因素提供自由表现的机会，事实上也就赋予感性以充分发展的权利和条件。所以，在美育实践中要从以下三个方面促进感性发展：

首先，尊重和培养个性。不脱离感性，也就是不脱离现实生活和历史具体的个体，这一点在美育中非常重要。因为感性见于个性中，尊重感性就意味着尊重学生的个性、发展学生的个性，这是美育作为感性教育的最基本、最关键的宗旨。从严格意义上来讲，尊重个性、建构个性并强化个性的本体意义教育当首推审美教育。尽管德育也提倡个性化教育，但是任何一个严谨的教育学者都要承认，德育在本体性上是建立某种普遍的道德伦理规范，在德育中的"个性"只具有方法论意义。在智育中，个体对这个世界各种好奇探究的眼光从根本上受到某种尊重和保护，但是不管他们以何种个性化的方式来看待这个世界，最终这些体验都必须靠拢、贴近、化归于某一真理性知识。审美作为感性的活动，不仅在审美对象方面要求是个别、具体而生动的存在，在审美主体方面也是极力推崇个性的眼光、个性的感受、个性的体验与个性的直觉与洞察。审美不仅期待个性，而且造就个性、生成个性，没有个性就没有审美，也就没有审美教育。

其次，尊重学生的感性需求，完善学生的感性机能。人的感性机能主要包括感觉、知觉、情感、想象等，它们在审美、艺术活动中发挥着重要作用。它既包括感官层面的机能，也包括情感体验层面的机能。这种感性机能以情感为核心，但又不止于情感。这是因为感性是一个贯通了肉体和精神的个体性概念，它包含生理和心理两个层面。感性教育固然以心理机能的完善为核心，但是生理机能的完善也不容忽视。人的一切活动都要以一定的生理机能为基础，在审美、艺术活动中也是如此。因此，在人的审美和艺术活动中，要重视学生的感性需求，关注作为感性活动基础的生理机能，对个体的人格、人性做整体性观照。

最后，运用直观的审美创造影响学生的观念意识，使其形成良好的审美趣味和审美观念。感性教育以把握对象内蕴为归宿，而不是以逻辑结论为主旨，这是一种生机勃勃的领悟和理解。然而，在智育统领一切的教育传统下，人们往往习惯了以概念、推理等形式来认识世界，容易忽略通过实践、体验等直观形式来把握世界。其实，以直观形式得到的观念意识往往比概念形式中的观念意识更丰富，而且能够对人的心灵产生更加深入细致的影响。尤其在人们几乎单一地以理性来认识世界的情况下，我们更需要使人类的感性发挥直观作用。就这个意义而言，美育是一种感性教育。

第二节　高校美育课程建设的原则与方法

一、高校美育课程的特质

（一）坚持指向性与非功利性的辩证统一

美育的非功利性是美育的本质规定性所在。也就是说，美育的非功利性是美育与智育、德育的根本区别。智育的目标预期是帮助人们认识世界、向世界索取并改造世界。德育的目标预期是约束个体以满足集团、社会之总体需求。前者是物质性的，后者是精神性的。它们的共性是都有强烈的功利性，智育的功利是人的眼前利益的索取，德育的功利是社会利益的达成。与智育、德育相比，美育既不要求向外部世界索取利益，也不要求对内心世界强加规范，只是培养人的一种无功利的鉴赏力，引导人们在全神贯注的"静观"中，进入一种"物我同一、天人合一"的境界，在形式的审视中获得一种无言的欣喜和愉悦，以达成精神的自由与理性、感性的和谐发展。

坚持美育指向性与非功利性的辩证统一要把握两个方面：第一，要从促进学生人格养成的角度来设计和实施美育，把促进学生人格养成作为唯一核心的美育目的，一切美育活动都应该有利于学生人格的完善，这方面恰是被当前高校美育实践所忽视的。从国家目前的相关美育政策来看，对美育有逐步重视的倾向，但对人格养成的作用突出得还不够。第二，要把艺术欣赏、艺术技能提高等艺术教育形式作为一种重要的美育手段，但绝不能把欣赏或训练作为最终目的。通过美育要让大学生认识到，我们赖以生存的这个世界并非仅是一个功利世界，而是某种意义上超功利的世界，更是一个充满诗意的世界。人活着，不是为了简单地实现某一个目标，而是为了"人"本身，达到"作为人而成为人"，要从个人与集体（包括阶级、民族、人类）的统一中充分实现自我价值，并从生活本身领略生活的意义以及乐趣。学会"诗意"地生活，成为"学会审美的生存的一代新人"。

（二）坚持独立性与渗透性的辩证统一

美育作为教育体系的一个重要组成部分，必然要具有一定的独立性。要有系统的、与时俱进的、比较成熟的理论体系，要有相对独立的课程体系，要建设好文学艺术课堂教学等主要美育渠道，这些是美育得以健康发展的根基。美育是一种无功利审美力的培育和启发。审美力培育固然需要美育学科自身的理论和教学支持，但指向人格养成的美育还要依赖于实践，依赖于渗透在各科知识（甚至包括数学、逻辑等）传授中的审美视点的发掘、培植。也就是说，美育需要所有老师、所有学科的共同努力，而不是单一课程、单一学科的一枝独秀。我们一定要把美育贯彻、落实到教育的全过程。美育的功能是其他教育不能取代的。美育可以丰富人的多方面知识，开发人的智慧，陶冶人的情操。美育可以塑造人的优美心灵和高尚人格，形成正确的人生观、价值观、世界观。美育可以全面提高人的素质与修养。美育不但对教育人、培养人是不能缺少的，对整个社会、整个人类，自然、艺术各方面都是不能缺少的。所以，我们一定要把美育认真地贯彻落实到教育的全过程。

因此，一方面要坚持美育的独立性，遵循美育的规律性，体现美育的独特特点，强调美育的主渠道；另一方面要牢固树立"大美育"的观念，使美育渗透到学校教育全过程，在学校教学、科研、管理、后勤服务各个环节都体现美育的理念，实现美育的过程，收获美育的成果。要加大教学改革的力度，对于目前的学校教学规划、教学要求、课程体系以及教学评估制度等，都应当作较大调整，合理设计适应素质教育总体目标、能够将美育有机包容于其中的新教学思路。融入教育全过程后，美育与其他教育是什么关系呢？就是现象学所说的在场与不在场事物之间的关系。其他教育，比如智育，作为在场的课堂教学要以未在场的美育所提供的广阔视野为背景，有意识地加深学生对所学知识中所蕴含美（比如科学精神、人文精神）的领悟与理解。这在一定程度上可以避免片面智育所造成科学精神与人文精神的分裂，促进学生个人素质全面发展。

（三）坚持共性与个性的辩证统一

以美成人的美育，要坚持共性与个性的辩证统一。一方面，教育者依据一定社会的普遍标准来确立教育目的，以及与之相适应的教育内容和方法，积极宣扬普适美，引导大学生关注、热爱、创造具有普适价值的美，促进大学生树立崇高的审美理想，培养积极的审美情趣，提高塑造美的行为、美的语言能力。另一方面，良好美育效果的达成只有通过学生的积极接受才能真正实现。受教育者不是一张可以任意涂鸦的白板，而是一个个活生生的、能动的生命体，他们各有所爱，各有所能。这就要求美育的内容、方法和目标既要体现普适性，更要尊重个性，注重个性美的弘扬、引导，不违背美育的愉悦、自由、个性化的本性，因材施教。因此，相对于智育、德育更重共性和标准而言，以美成人的美育要注重共性与个性的统一，侧重于对个性的尊重。

尊重个性，意味着在美育过程中，赋予教师和学生更大的自主性和独特性。因为，一方面，作为美育关键要素之一的审美对象，本身就是多色调的、富有个性的。以自然美为例，钟灵毓秀，各类美的事物都是熔铸了人的人性化、个性化的保护和开发。以社会美为例，无论是商品美、环境美还是人性美，都是各具现代性资质，异彩纷呈的；就艺术美而言，更是千姿万态，美不胜收。另一方面，审美主体本身也是不断分化、不断个性化的。以大学生为例，他们正处于最具激情、梦幻、潜质发展的黄金时期。大学生作为一个具有较强知识背景的群体，具备了很强的审美能力和审美情感，审美心理也日趋成熟。但由于掌握知识多寡、兴趣爱好的差异等原因，他们的审美心理具有很强的不稳定性和可塑性。因此，坚持共性与个性的辩证统一有两个关键点：一是要在实施大学生美育时，针对学生的兴趣、个性等特点提供多种美育途径，紧跟时代步伐，因势利导，注重差异，符合个性。二是要改变传统的对学生学习效果的应试考核性评价方式，建立个性化的学习评价体系。

（四）坚持引导与体验的辩证统一

以美成人的美育，应是一个教育者和受教育者相互作用、互动发展的过程。大学生群体属于高知人群，具有一定的理论水平，掌握了一定的知识体系，能够初步运用马克思主义的基本原理认识、分析和解决问题。因此，在高校开展审美教育要以帮助大学生养成全面发展的人格为目的，努力引导他们以马克思主义唯物辩证法的美学观点来认识美、欣赏美、创造美。审美教育注重体验，要有计划地、有步骤、经常性地开展健康向上的审美实践活动，引导大学生形成正确的审美情趣，养成健康的审美习惯。要把美学知识的传授与美育实践活动有机结合，把美育知识讲座与大学生的日常行为引导有机结合，把艺术技能的培养与情感体验有机结合，使大学生在学以致用中完成审美教育。教师在美育课程教学过程中的作用，就是当好大学生审美活动的导游，从感染、欣赏、探源诸方面去引导学生认识作品的艺术魅力，也就是要引导学生认识美。苏霍姆林斯基认为，学校美育首先要教会学生认识美，在此基础上进而培养学生的情操和修养。所谓认识美，就是让学生了解大自然，了解社会，了解周围世界，了解艺术中的美。所谓美的情操、修养，是指在了解自然和艺术的基础上逐渐感受和领会美，并在全部精神生活中处处体现出关注美、珍惜美、创造美。

与此同时，所有美育教学及美育活动都要注重引导学生体验美、感受美。美的经验不是写出来的，更不是算出来的，它是通过个人的感官感觉到的，是通过个人的心灵感悟到的。对美的体验具有个体的差异性，永远不可能整齐划一，不可能有"标准答案"。

（五）坚持时代性与高尚性的辩证统一

所谓美育的高尚性是针对当前大学生存在的一定程度的审美情趣低俗化而言的。当前，社会文化有比较明显的低俗化倾向。由于非理性主义思潮的影响，社会文化中感性泛滥、欲望张扬、享乐主义盛行、悲观主义和绝望情绪弥漫。同时，在消费主义影响下，人们对物质财富的欲望日益膨胀，不断消解精神追求。大学是拒绝低俗、培养高尚的地方。大学里的美育更要坚持高尚性，用真正美的形式或事物来对大学生进行审美教育。特别是要用提倡民族性审美标准，善于挖掘和运用中华民族的音乐、雕塑、建筑、绘画、诗词、戏曲、书法等传统艺术，帮助学生感受中华民族的审美精神，使他们养成"爱我中华"的美好情操。

在坚持高尚性的同时，我们还要注意美育的时代性问题。所谓时代性，是针对当前的大众文化而言的。美育在坚持高尚性的同时，不能脱离社会的现实性，走极端，要在避免低俗化的前提下，充分吸收大众文化的优秀成分。对这种宝贵资源的挖掘和使用要把握两个原则：一是坚持高尚性，这是对美育中美的客体而言的；二是要引导学生的审美态度，善于从大众文化中遴选和接受美的教育。良好审美态度的养成关键在于帮助学生有意识地与大众文化建立审美关系。

（六）坚持课内与课外相结合

以美成人的美育不能仅依靠课堂教学，更要重视体验性、实践性较强的课外美育活动开展。课堂教学是学校美育的主渠道，这个主渠道的作用不容忽视。高校美育能否顺利开展，从根本上取决于能否抓住课堂教学这个主渠道。必须强调的是，高校美育课堂教学绝不仅限于艺术教育，更要对包含文学、历史等各类人文学科的美育功能挖掘，乃至所有学科教学都要发挥美育功能。因此，美育进入课堂教学并非一朝一夕之事，必须经过科学的规划和长期的调整，正式纳入学校的教学计划。与此同时，一方面要在经费上给予支持和保障，另一方面要选择和培养那些热爱学生，鼓励具有较高教学水平的教师开展美育教学工作。还要开展丰富多彩的课外美育活动，真正做到课内与课外相结合。大学生以自主学习为主，他们有更多的选择机会和自由的时间，有更加丰富的业余生活。课堂外的各类社团活动和艺术实践活动在大学开展得红红火火，学生的兴趣爱好在这里有了更多发挥和施展空间。为此，要以积极向上、健康文明的美育活动占据课堂外的美育活动，因势利导地培养大学生的兴趣爱好，发现和培养他们的审美兴趣和才能，提高他们的审美欣赏和创造能力。

（七）坚持校内与校外相结合

学校是大学生学习生活的主要场所，也是大学生美育的主要阵地。但是，大学生美育仅仅局限在高校这个"象牙塔"里是远远不够的，教师必须带领学生走出校园，到社会这个大熔炉里去"淬炼"。社会是丰富的，也是复杂的，社会美是多样的，也是鱼龙混杂的，教师要引导学生勇敢地走入社会，去发现美、辨别美、学习美、形成美。要把在学校所学、所想运用到实践中，在社会美中去体会人生美，积累经验、增长才干，使社会成为大学生成长成才的另一个阵地。

二、高校美育课程建设的原则

（一）乐中施教原则

人的审美愉悦性的来源不只简单地取决于审美对象，它还有人对自己智慧与力量的肯定。因此，在美育活动中，受教育者常常处于一种喜悦的心理状态与精神状态，产生强烈的情感体验，获得极大的审美享受。这种愉悦性是感染人、启发人、吸引人去参与审美、参与美育的重要因素。

美育的乐中施教原则，是指在对大学生进行美育过程中根据教育目的、结合大学生的审美特征，有的放矢地对学生进行审美教育，把大学生单纯的生理愉悦转变成渗透理性的高尚情操的原则。这种寓教于乐、以乐促教的教育方式是审美教育得天独厚的优势。在美育过程中，要坚持以美成人的美育乐中施教原则，要将愉悦教育和形象教育贯穿教育的全过程。

但是在现实中，一些高校美育工作与现实不同步，教育的有效性程度不同，内容和方法陈旧，往往表现为由上而下，千篇一律的讲道理，忽视了学生的情感世界、年龄特征和个性差异，学生处于一种被动的参与，缺乏一种主动的全身心投入，其结果容易造成学生的冷漠和抵触。而将愉悦性贯穿于大学生人格养成中，可以弥补美育工作中硬性说教的枯燥和抽象乏味的弊端。因此，在大学生人格养成教育过程中要激发学生的兴趣和能动性，变消极被动为积极主动，借助美育的手段，使学生在生动形象、意义深刻的活动中受到教育，往往能取得事半功倍的效果。

要实现将愉悦性融入大学生人格养成教育中。首先，要求从教材到教育活动过程，从教师的教导到活动环境都具有愉悦、有趣的特征，这就要求教材的编写既要有一定的思想深度，又生动地切合大学生实际，不要空谈大道理。另外，美育教学力求形式多样，可以采用辩论、演讲、讨论等方式，还可以利用现代化教学手段，抓住大学生热点问题。教师在其中始终要注意启发和引导，个别教育要发扬民主，尊重个性。其次，在以美成人的美育工作中，教师可以设计一些适合大学生的活动。例如，让学生欣赏充满道德、国情的影视作品；在文艺会演中，鼓励学生自编自导一些反映学生自己生活的故事；举办一些主题积极向上的学生原创歌曲大赛、绘画大赛等。让学生在对美的欣赏和创造中，在自我沉浸与陶醉中，伴随着相应的情感发展的体验，实现美的意识自觉，使人格丰满和升华。

总之，在整个教学活动中，由美育效应带来的愉悦性，使学生成为教学世界中的发现者、创造者，使学习过程转化为一种丰富的精神享受，引导学生形成一种高尚的健康人格。

形象教育是美育要遵循的另一个特质。形象性不仅意味着感性形象，而且意味着对形象情感意蕴的体验与感悟，情感的唤起、持续、深化与表现都离不开感性形象的产生与运动，将形象性贯穿于美育过程中，可以以美引善，使人在潜移默化中实现人格的完善。

可见，在大学生的人格养成方面，美育作为形象直观的教育，它赋予了学生创造思维的空间。它通过诗情画意引起的想象，内情和外景交融的意境，使学生思接千载，视通万里，引发浓厚的学习兴趣，由此触发学生的创造灵感，使之把握创造的契机，丰富和活跃自己的想象力，最终达到开发智力、发展人格的目的。因此，在审美教育过程中，教师可以组织学生欣赏大自然，通过远足、旅行、露营等活动，使学生在对自然景物和名胜古迹的观赏中认识和理解自然景物，提高审美兴趣；还可以通过引导学生欣赏古往今来著名艺术大师的经典作品，来领会和体味美的深厚和美的意蕴。

大自然中的每一幅景象，中外文学艺术经典名作中的每一首诗歌、每一曲音乐、每一幅绘画、每一部影视佳作，无不凝聚着艺术家苦苦创新、孜孜求异的心血，更凝聚着艺术家对人性中真、善、美的领悟和思考，是人类宝贵的精神财富。把这些经典的美与美育内容紧紧契合，对于促进大学生人格和谐发展有不可替代的作用。

艺术与科学的共同基础是人类的想象力和创造力，而美育则是想象力与现实、精神与物质之间的桥梁。就这个意义而言，以美成人的美育就是让学生在教育过程中，乐之如怡地享受美的教育，涤荡心灵的尘埃，启发创新思维，实现人性中的美好和谐。

（二）潜移默化原则

人格的养成不是一蹴而就的，它是伴随人一生的个体养成教育；美育的效果也不是立竿见影的，它需要经历一个长期的培育过程。"学校无小事，事事都育人"，美育应是高校育人中重要的内容，是学校全方位、全过程的教育。因此，开展美育不能急于求成，揠苗助长，必须坚持潜移默化的原则。美育贯彻的潜移默化原则是指美育在高校中应无时不在、无处不在，要使学生的思想、品性和习惯在教育教学及日常生活中，不知不觉地受到影响、感染，于无形中发生变化的原则。美育实施中坚持潜移默化的原则包括两方面含义：一是要实现美育在教育全过程的渗透和贯穿；二是要实现美育在校园文化中的渗透与贯穿。

首先，坚持潜移默化的原则就是要实现美育在教育全过程的渗透和贯穿。在教育全过程中，从学校布局到教育环境布置，从教育到教学，从管理到后勤，从课堂内外的教育活动到教育活动中的各个环节，无不存在审美。蕴含审美设计的教育是为了实现教育目的、目标以及教育活动，促进学生包括人格发展在内的全面发展，开发每一个学生多方面潜能的教育。它不仅追求学生在教育活动中知识技能的获得、体力智力的发展、审美情趣的提高，还要求形成受教育者健康人格修养的过程。在教育过程中美的享受会使学生精神振奋，充满自由创造的喜悦，只有这样的活动才能使学生喜闻乐见、积极参与。美育通过以情感人，使大学生在轻松愉快的氛围中悄然无声地受到美的熏陶，在接受知识滋润的同时人格得到提升，使大学生在潜移默化中塑造了人格，获得全面、和谐的发展。

学校美育不仅是艺术、知识和技能的教育，更是教育全过程的一种教育理念，体现并渗透于教育全过程的教育艺术和教育方法。它融入了教育者的人生体验、情感创造，是对教育技巧的超越和升华。学校教育中的具体教学内容，每项活动的过程本身都应是精彩的、美的，要使学生在学习各种知识的时候，以欣赏的态度投身其中，使教学活动成为一种特殊的审美活动，使所有从事此项活动的人从中得到美的享受，在潜移默化中丰富其人格的发展。

同时，美育应该渗透在德、智、体、美、劳等各方面教育中。在德育教育过程中，要强化文体活动、艺术鉴赏、时事教育、实习实践、文明规范等形式、内容和过程，使德育充满愉快的情趣并具有吸引力。在智育方面，美育与之是相辅相成的，丰富的科学文化知识和良好的智力，有助于提高学生感受美、理解鉴赏美和表达创造美，获得艺术上的修养。丰富的想象和形象思维能力使学生形成健康的审美情趣和美感，使学习生活充满愉快，体验到劳动与创造的幸福。在体育方面，学校应倡导健康与健美相结合，科学与艺术相结合，运动与形体训练相结合，将体育作为提升审美水平的过程。体育活动注重过程的精彩，要求有互助合作的品德，有健美的姿态和富有节奏感的协调、优雅的动作，有克服困难、刻苦耐劳、灵活机智、不甘落后的精神，这是对个人意志、精神、情操、人格、心理品质的磨砺。在劳动技能中也要渗透美育。通过劳动技能的培养，使学生学以致用，掌握劳动技能知识，并在此基础上培养学生的劳动观念和劳动习惯。创造是美的享受，使学生在劳动创造中领略审美愉悦，创造出美的作品和美的生活，激发追求美的欲望、美的理想和陶冶美的心灵。

总之，美育在大学教育和人才培养过程中既要相对独立，发展学科特色，更要注重在教育全方面、全过程的潜移默化，使之成为大学教育中的重要内容，成为渗透学校教育、管理、服务等各方面的综合教育。

其次，坚持潜移默化的原则就是要实现美育在校园文化中的渗透与贯穿。校园文化是一种特殊的社会文化，是由校园文化教育、校园文化生活、校园文化环境、校园文化队伍、校园文化制度、校园文化政策以及校园文化组织和设施等构成的复合体，即通过学生的直接参与，在建立健全完善的文化组织基础上，运用现有的文化设施和文化政策，开展丰富多彩的校园文化活动，从而营造一定的文化环境，倡导一定的文化观念。确立科学的思维方法，形成特有的校园精神和校园风气。

校园文化是实施美育的一条重要途径，其丰富的内涵和色彩鲜明的特点在高等教育中发挥多种功能，对帮助大学生塑造完美人格有不可替代的作用。第一，要通过建设优美的校园环境丰富学生的审美体验，使学生时刻受到美的熏陶。校园环境是校园文化的载体。宽敞明亮的教室，绿树成荫的人行道，安静整洁的图书馆，设备先进的实验室，还有文化底蕴深厚的人文景观，设施齐全开放的体育场馆，所有这些都会让人赏心悦目。优美的校园环境对学生的学习和活动都有积极意义。校园是进行教育教学的主要场所，是学生长时间生活的家园。

在一个杂乱无章、格调低下的校园中生活，学生不免心烦意乱、焦虑低迷；而在一个良好的校园环境中生活，学生每时每刻都会受到美的感染，得到美的享受，陶冶美的情操。第二，要用校园文化的审美性促使大学生追求高尚的人格。校园文化的审美性对促使大学生追求高尚人格起着"春风化雨，润物无声"的熏陶作用。要积极营造与倡导崇尚科学、求实创新、团结友爱、健康向上的校园文化，使学生在这种氛围中进行直觉体验和领悟，融美于心灵。积极弘扬先进模范人物和集体的事迹，充分发挥其激励人、教育人的作用。通过良好的校园风范和校园环境，满足教学科研生活的需要，陶冶大学生的思想情操，净化大学生的心灵。

（三）因材施教原则

美，说到底是人的一种主观感受，审美是主体性的审美。不同审美个体在不同生理和心理机构的基础上，形成了不同的审美需要、审美能力和审美价值取向，每个人对美的理解和认识都各不相同。因此，在开展美育过程中，我们要尊重这一基本规律，坚持因材施教原则。美育中的因材施教原则是指在美育过程中，根据大学生能力、性格、志趣等具体情况施行不同的美育，从而使大学生的人格能够自由、和谐地发展。

尊重大学生审美个性倾向对于促进个体完整人格的构建具有重要意义。从教育学的角度看，因材施教原则表现出对学生主体地位的充分尊重及个体身心智能差异的科学态度，以及对学生的后续发展预留一定的空间。从教育教学的角度来看，从学生实际出发，针对学生不同特点，区别对待，有的放矢地进行教育，使学生按照不同途径、不同条件和方式，取得最佳的教育教学效果。因材施教原则是学生身心发展规律在教育教学中的反映，是符合大学生人格发展规律的基本原则。

在以美成人的美育中，我们可以从以下几方面来贯彻因材施教原则：

首先，准确定位，从实际出发进行美育。在对学生进行美育前，首先了解学生，了解他们在哪些方面比较擅长，哪些方面还存在差距，对学生的审美认知水平进行准确定位，真正把好每个学生的"脉"。帮助他们了解自己的审美情况，认识他们自身的优势，从而调动大学生学习的积极性，使他们树立成功的信心。

其次，针对学生的个性特点设计最佳方案，使其个性得到充分发展。在美育过程中，要求教育者对学生的一般知识水平、接受能力以及每个学生的爱好、兴趣、身体状况等方面都要充分了解，以便从实际出发，分别设计不同个性特点学生成长的最佳方案，取己所长，避己所短，有针对性地进行美育。

最后，正确对待个别差异，激发学生的学习兴趣。在以美成人的美育中，要充分尊重大学生的需要、兴趣和各方面才能，使学生在美育过程中，找到自己最喜爱、最擅长的领域，并在这一领域深入下去。在这一过程中，要求教育者必须对所教学生有详尽的了解，最大限度地掌握学生的兴趣所在，不失时机地引导鼓励学生，增强他们的自信心，激发学生提高自我美育的主动性。只有激发学生进行自我教育的教育，才是真正的教育。在美育中，只有认真贯彻因材施教原则，才能有效地培养学生审美的兴趣，提高学生的审美能力，促进学生个性的协调发展，从而建构和谐人格。

（四）循序渐进原则

美育中的循序渐进原则是指在大学生人格养成的美育过程中，要根据大学生认识发展的顺序，由浅入深、由易到难、由低到高逐步进行。

按照认识的规律，人们对事物的认识总是由感性到理性、由表及里，学生学习过程也是如此。以美成人的美育的循序渐进原则就是要求按照由近及远、由简到繁的认识规律来组织教学。大学生在完成中学阶段的学习后，升入大学继续学习，是从人生的一个阶段进入了另一个阶段。这一阶段的学生一般缺乏实践经验，他们的心理、思想与行为处在从发展中向成熟过渡的阶段，他们的审美观有正确的也有错误的，有高尚的也有低级的，有健康的也有畸形的，不良的审美观往往使人无视美、歪曲美，甚至以丑为美，严重影响他们身心正常发展。因此，在审美教育中，教师首先要培养大学生自然美、艺术美、社会美等欣赏能力，当大学生形成一定的高尚健康的审美情趣时，再发展其审美想象和艺术创造能力，最终使其构建起高尚完整的人格。这是一个循序渐进的培养过程。

首先，帮助大学生养成正确的审美态度。简单地说，审美态度就是人们在审美活动中所持的审美观。正确的审美态度是以美的眼光来认识世界，以美的视角来分析世界，在美的欣赏中实现对名利与物欲的超越，在愉悦的心态下达到精神世界的自由与陶醉。正确的审美态度使大学生养成乐观向上的世界观、人生观和价值观，善于发现生活中的美，以美的经验来化解问题与矛盾，不瞻前顾后，患得患失。正确看待前行中遇到的困难和磨难，不轻易被摧垮和打倒，善于化解各种竞争压力为无尽的动力，快乐地学习、轻松地工作、幸福地生活。

其次，帮助大学生提高审美欣赏和判断能力。审美欣赏和判断能力是人们在审美活动中发现、感受、判断和欣赏美的能力。它帮助大学生正确区分美与丑、善与恶，是他们摒弃邪丑恶、高扬真善美，按照美的理想去创造世界的先决条件。审美能力的培养要从两个方面入手：一要紧紧抓住知识传授环节，占领课堂教学阵地，通过美学基本知识的传授使大学生掌握基本的美学常识和美学理论，了解美的本质和特征、内容和形式，使大学生具有初步的美学修养，并在此基础上形成正确的审美标准判断，在审美活动中起到理论上的引导作用。二要大力开展审美实践活动，使学生在课外、校外丰富多彩的艺术实践中，在具体可感的审美体验中，在美丽的大自然和社会的广阔天地中真正学习美、了解美、感受美、欣赏美，在美的感染中情感得到升华，审美能力得到提高，人格结构趋于完善。

再次，培养学生的审美创造能力。完美人格构建的重要目标之一就是要发挥人的创造性。审美创造能力是指人们在审美实践过程中，按照美的规律，遵循美的原则，自主创造美的事物的能力。美的创造力来源于身心的解放，丰富的想象力和超常的动手实践能力。大学生具有热情好动、求变求新的特点，高校美育要鼓励大学生的创造热情，同时引导他们自觉地用美的尺度来评价、指导自己的生活，按照美的规律来美化主观世界和客观世界。学校美育要引导和鼓励学生对美的创造热情，为他们搭建创造美的平台，使他们有充分的机会来展示自己，有足够的勇气和能力去描画自己和世界的未来。美育是激发主体的创造欲望，培养大学生的创造能力，实现其完善人格的有效途径。

最后，帮助大学生自觉地以美修身。大学生是天之骄子，年轻、好学、有知识、有才干。但有知识不等于有高尚的人格，有才干也不等于能干出一番大事业。

高尚的品格来自美的塑造。高校美育要帮助大学生自觉地按照美的标准和规律修身养性，塑造美好的自我形象。大学生审美素质的养成，不仅要靠自身努力，还在于他们所赖以成长的特定环境，以及他们成长过程的走向。因此，加强美育、提高大学生素质，是一个持久的全方位的系统工程。它主要包括：规范设置艺术鉴赏课；广泛开展课外活动，开拓美育第二课堂；加强校园文化建设；美化校园环境。还要通过健康向上的艺术实践，激活大学生自身潜能，完善其人格，抖擞其精神，使大学生在审美修养的不断提高中，实现生理、心理健康和谐发展。

此外，循序渐进原则还体现在不断反复的美育过程中。细雨润物，贵在不断熏陶，好的艺术品百看不厌，优美的歌声反复传唱，优秀的文学作品流传百世，而每次欣赏都会有新的感受。因此，在以美成人的美育过程中，学生的认识不断地深化，想象日益发展，体会逐渐加深。所以，美育的过程还需要不断反复、加深，在循环往复中最终实现人格的完善。

三、高校的美育课程建设的方法

（一）知识传授法

美育中的知识传授法是指将美育的基本知识或常识直接通过课堂教学等方式向受教育者输送传递的方法，是大学美育中最基本、最常用的教育方法。

知识传授法方式多种多样，主要包括知识讲授法、学习宣传法等。首先，知识讲授法。知识讲授法是教育者通过口头语言向受教育者传授美学理论的教育方法，这是一种使用最多、应用最广泛的理论教育法。运用知识讲授法必须注意几点：注意讲授内容要正确，讲解的知识、概念应具有科学性；讲解既要全面、系统，同时又要找到理论与实践的结合点；讲解要采取启发式，循序渐进地进行引导，防止注入式、"填鸭式"。其次，学习宣传法。学习宣传法是运用各种传媒方式和舆论方式向学生传授美学理论知识的方法。这种方法主要通过邀请专家给学生进行一些美学知识讲座，读书辅导来宣传美的思想，引导学生的思考。理论宣传法系统性强，覆盖面大，影响范围广泛，它不仅影响学生，而且能营造良好的舆论环境，促进和引导学生自觉学习。

知识传授法具有以下几个基本特征：一是直接性，即在审美教育过程中，教育者与受教育者都明确意识到正在开展或接受教育。这一特征要求传授法必须在受教育者发自内心接受教育的前提下才能有效实现。二是系统性。知识传授是一个长期的教育过程，面向比较稳定的受教育者群体，开展教育的时间地点也比较固定。这就为教育者进行充分的教育准备，完整系统地，有目的、有计划、分步骤、分阶段地开展审美教育提供了现实可能。三是易普及性。知识传授简单易行，一般来说，只要有一两名专业的美育理论教育者和足够大的教育场所，就可以面向上百名甚至数百名受教育者同时开展。

通过在课堂上普及美育，教师不仅传授美学基本理论知识，还要引导学生认识美的起源、本质、规律，认清审美对象的价值，掌握欣赏美和创造美的原则和基本方法。在日常学习、工作、生活中，让学生亲身体验客观世界和人自身的美，对真善美和假恶丑进行比较鉴别，予以正确评价。学生对美的认识和体会总是感性的东西多一些，理性的东西少一些，因此，难免美丑不分、高下难辨。通过美的知识和理论的传授，从理性上帮助学生认识美的本质、规律、范畴、形态，了解各种艺术的基本常识，从而提高学生欣赏美的能力，促进学生人格的和谐发展。

（二）实践体验法

美育中的实践体验法是指通过组织大学生参与各种审美实践活动，在实践中体验真实的美，从而提高审美能力、促进人格发展的方法。这是一个通过改造客观世界来改造主观世界的过程。一般来说，实践体验法主要包括参加校园活动、劳动实践、参观访问等方式。

实践体验，强调的是受教育者通过对亲身体验及实践过程中的社会化形成对美的理论原则更深刻和准确的认识，提高学生审美、创造美的水平与能力，使个体身心得到和谐发展。体验基于亲身实践，它必由自己的感官、自己的认识领悟、自己的情感和生命体验达成"意义世界"和"价值世界"，最终形成对美的态度。我国学者认为，"在体验世界中，一切客体都是生命化的，都充满着生命的意蕴和情调"。体验"可以超越经验达到理性；超越物质，达到精神；超越暂时，达到恒久"。

以美成人的美育中的实践体验是学生亲历对象引起相应心理变化的活动。

亲历是实践体验的本质特征，其中既包括实际的亲身经历，也包括心理上虚拟的经历，即亲"心"经历。实践体验是一种综合性的反应，是知情意行的统一活动。通过实践，人的一切外在现实主体化、内在化，成为人内心生活的有机成分。

实践体验法在以美成人的美育中起着不可替代的作用。通过组织大学生感受现实审美生活，一方面，可以使其在感性认识的基础上验证已经学习掌握的美育知识和理论，有利于强化审美理论教育的成果；另一方面，可以在实践体验中获得新的感受，使个体的审美需要得到满足和提高，促进学生身心的协调发展。

在美育过程中实施实践体验法时要遵循以下原则：一是要建立实践体验的长效机制。实践—认识—再实践—再认识是一个无限循环往复的过程。大学生的审美观具有一定的波动性，期望仅依靠一次实践活动就能提高审美能力效果是不现实的。应当建立审美实践的长效机制，根据新时期大学生美育的新形势、新问题，灵活运用和积极创造各种适当的实践形式，逐步提高大学生的审美观和审美创造能力，促进学生人格的全面发展。二是要对实践体验过程加以指导。未能进行科学组织的实践体验往往容易停于表面，流于形式。要想取得深入的教育效果，就必须对实践过程加强指导。首先，要从大学审美价值观现状的客观需要出发，制订体验计划。其次，要在体验过程中指导学生有目的地观察记录。最后，要给学生提供相关理论支持和比较参考对象，指导学生深入理解，使学生产生思想和情感的共鸣，从而获得美的享受和受到深刻教育。

（三）环境熏陶法

美育中的环境熏陶法是指通过活生生美的事物、无形的各种文化，弘扬的主流意识形态，使受教育者在无意识、不自觉的情况下，受到影响、熏陶、感染而接受美育的方法。

青年大学生思想活跃、情感丰富，又有一定的文化科学知识基础，多数学生身上具有诗人的品格和浪漫主义气质，其情感易被激发。生活环境本身就是他们学习的重要组成部分，与他们联系密切。将审美价值观教育化解到他们熟悉的生活中，运用环境熏陶感染方法对他们开展教育往往会取得事半功倍的效果。社会、家庭和学校构成了学生生活的整个环境，对于大学生来说，校园是他们学习和生活的主要场所，具有校园特色的人文氛围、校园精神和生活环境是美育的重要途径，同时，也对大学生人格养成具有重要作用。因此，以美成人的美育中的环境熏陶法主要载体就是校园文化。

大学生的健康成长离不开优美的校园环境，大学生的素质教育离不开良好的校园文化氛围。首先，建设良好的校园环境，让学生一接触便感到赏心悦目、舒适得体，还会引导人的审美情趣、审美格调的提升，是一种强大的教育力量。具有一定文化、观念的和谐建筑构造，绿树婆娑、花木扶疏的校园绿化，干净、整洁的教学生活环境让学生在校园的每一处都能感受到文化、文明和美。其次，校园文化活动的开展为学生发现美提供了很好途径，增强学生的心理体验。发现美是审美的前提。学校里的各种社团组织以及组织开展的各种活动，如读书会、演讲会、朗诵会、文学社、科学兴趣小组等，从读书、影评、音乐会等活动中去发现、体验艺术美。艺术美以其巨大的美的形象感染力，震撼学生的心灵，滋养和熏陶学生的情操，逐步增强学生对真善美的心理体验。最后，在学校中，科学的教育管理制度，民主的教育方式，良好的校风学风，平等和谐的人际关系，丰富多彩的文体活动，凡此种种，良好的校园文化氛围犹如纯净的空气、适时的春雨，使学生在潜移默化中自觉成才，对学生的健康成长产生积极作用，使他们的行为、语言乃至心灵受到熏陶，构筑起高尚完善的人格，使个性品质得到全面发展。

运用环境熏染法，需要把握以下几个原则：一是形式上要喜闻乐见，要具有一定的吸引力和感染力，才能使学生产生情感共鸣，达到熏陶教育的目的。二是注重发挥学生的主体性作用，引导和鼓励学生多参与各类文化活动，多创造高水平的文艺作品，使学生在参与和创造中受到感染。

（四）自我教育法

美育中的自我教育法是指受教育者按照审美目标和要求，通过自我学习、自我修养等方式发自内心地接受美、欣赏美、创造美的方法。

心理学家认为，18岁左右的青年正处于青春期，这是从少年向成人的过渡期。这时的青年独立意识已经形成，有较强的思辨能力和观察能力。他们常常以批判的眼光看待事物，更相信自己的判断。因此，大学阶段正是人的思维方式的塑造时期，也是价值观、人生观、世界观的形成时期，对人格发展产生极为重要的影响。

以美成人的美育中的自我教育法具有自觉性和主动性的特点，是受教育者为了提高自己审美能力而进行的审美过程。它的主要依据是辩证法中关于外因通过内因起作用的原理。只有包含自我美育的美育才是真正的教育，教育者的教育活动只是一种外因，永远不能取代教育者的认识、内化活动和实践外化活动。

自我教育在以美成人的美育过程中具有十分重要的作用，是提高大学生审美水平，完善大学生人格的有效途径。自我教育的作用：一是有利于教育者和受教育者融为一体。以美成人的美育是他育与自育的有机结合。教师的他育是学生自我教育的基础和前提，而自我教育是教师教育效果的关键和保障。自我教育充分发挥受教育者的主观能动作用，使教育者自觉、主动、积极地进行自我学习、自我修养，提高了受教育者的审美水平，塑造了大学生健全的人格。二是有利于增强教育者的自我教育能力。教是为了不教，受教育者只有具有自我教育能力，才能自立、自为。因此，以美成人的美育的自我教育过程，实质上是一种提高学生审美修养的过程。在自我教育过程中，学生自我学习、自我发现，逐步增强了当代大学生的审美能力，完善了审美心理结构，提高了人格的协调性。

美育过程中实施自我教育法时要注意以下问题：第一，强调自我教育与强调他教是高度一致的。对美育中自我教育的强调，是基于美育的个体性和美育目标实现的自我建构性，但绝不意味可以降低对美育实施者的要求，相反，恰恰提高了对教师的责任和要求。实施自我美育要求美育实施者必须具备更高的教育责任感和教育艺术。第二，自我教育实施个体的教育，强调个体在美育中的责任和积极性。强调自我教育，恰恰同时强调了集体教育，强调了学生在互动交流中实现个体的审美培育。第三，自我教育不是故步自封、闭门造车，而是强调个体要勇于在生活实践中受教育，要把理论学习、艺术体验和社会实践紧密结合起来，在实践活动中不断提高自己的审美能力，养成良好的人格品质。

（五）情感共鸣法

美育的情感共鸣法是指在美育过程中，教师将自己丰富的情感融入美育中，拨动学生的心弦，使师生在情感上产生共鸣，在认识上达成共识，进而提高教育教学效果的方法。它是融传授知识、提高觉悟、培养能力、完善人格为一体的全方位方法。美育注重教育对象的情感调动和情感激发，一个人人格的发展，总是一个客观对象逐渐内化为个体情感的过程。由此可见，它不能单靠说教来达到，更主要的是在情感的熏陶下，在自身的情感体验中得以实现。

在实施以美成人的美育的情感共鸣法时，必须坚持和把握好情理交融的原则。这实质上是要求在审美过程中表达出的感情必须是经过普遍认可的能够激发人积极进取、培养人美好情操的情感，不应该是"庸俗之情"。在实施情感共鸣法的过程中要贯彻健康有益、格调高尚的基本要求，启发大学生理性思考，引导学生注重精神和情操的陶冶，牢固树立正确的世界观、人生观和价值观。

大学生审美活动的情感性，决定了在实施以美成人的美育时，要注意情感因素的设置。其表现形式体现在教学氛围、教学过程、教学语言、教学手段四个方面。在教学氛围培养方面，通过创设愉悦的育人情境，提高美育效果使学生在愉快温馨的教学气氛中，潜移默化地提高审美能力，净化心灵。在教学过程创设方面，充分体现学生的主动性、独立性、体验性。在教学中，教师有意识地设计让学生主动靠近美、接受美的环节。在教学语言的烘托方面，授课过程中，要用生动形象的语言打动学生，收到"音美以感耳"的效果，这就要求教师的语言富有情感，使学生在充满感情的语言世界中接受知识、培养能力、陶冶情操。在教学手段的运用方面，为了提高学生学习兴趣，教学手段可多样化，诸如各种竞赛、多人表演、辩论、实地参观等活动，都能产生很好的效果。此类活动有利于激发和培养学生浓厚的兴趣，提高审美的主动性，培养学生积极乐观的人生态度。

优美的环境，自由的讨论，启发性与愉悦性相结合的教学艺术，使整个教学过程既热烈紧张又轻松自由，激发了学生的兴趣和热情，引导学生积极思考与探究，使学生自己去领悟美育的意蕴。这种将丰富的情感融于具体的教学过程中，达到情感共鸣效果的教学方法，正是以美成人的美育的显著特征。

（六）朋辈交流法

美育中的朋辈交流法，是指具有相同背景，或由于某种原因使具有共同语言的人通过平等对话交流的方式共同分享信息、观念或行为技能，以提高审美能力，促进人格完善的教育方法。

美育是需要受教育者积极参与的一种特殊教育，受教育者主观能动性的发挥程度直接影响美育效果。有研究表明，根据大学生生理、心理的特点，学生对朋辈交流的教育质量给予了较高评价。这主要是由于朋辈交流营造的平等、尊重的氛围，使学生摆脱了教师讲授而形成的学生只能被动接受，并使自我意识受到某种程度的压抑和控制的局面。因此，从某种程度上说，朋辈的交流是最平等的交流，也是最彻底的交流。由于交流者的平等身份，学生可以无所顾忌、畅所欲言，甚至大胆质疑，激烈争论，在毫无保留的互动交流中解惑去疑，修正偏颇，坚定信念。同时，朋辈交流中，由于交流的双方具有大致相同的身份、背景，更能产生情感共鸣，实现互相认同，结下深厚友谊。朋辈交流法还使学生在交流中通过互通有无，丰富自己原有的认知体系，特别是在争论中很容易产生思想火花的碰撞，发现新的理论视角和观点，促使学生进行更深入的思考和研究，启发和培养大学生的创新能力。朋辈交流的这些特点使大学生的审美认知与欣赏能力得到长足发展，使审美的想象力在激烈争论与快速思索中展翅翱翔。由于朋辈交流常常以多个学生的集体参与为特点，以组合和结队的方式进行，还培养了大学生的团队合作意识，促进了大学生人格的协调发展。

需要强调的是，开展以美成人的美育有很多方法，不应局限于以上所提到的这些方法。在教育过程中，每一种方法都不可能"包治百病"，每一种方法各有使用条件与范围，各有优势与局限。因此，教育者要注重各种方法的综合运用，使其优势互补，互相促进，形成合力效应，取得更好的教育效果。

第三节　高校美育课程建设的载体与运行机制

一、高校的美育课程载体

（一）基本载体：美育课程的课堂教学

1.注重教育目标的全面性和层次性，确立以美成人的美育目标体系

从理论上来考察，美育的目标可分解为相互联系、相互渗透两个层次：表层是传递审美知识，提高人的审美感受能力和审美创造能力，培养与此相关的感知力、想象力、理解力等能力素质；深层是对人的精神世界的陶冶、对心理结构的重建，乃至塑造健全的人格，促进人的全面发展。美育目标任务的实现是一个由浅入深、由部分到整体的过程，培养学生的健全人格是美育的终极目标，也是美育课程的教育实质。美育不是造就熟练运用技能的艺术家，现代美育不能仅仅停留在表层的审美知识和审美能力的层面，而应该让学生通过这些内容的学习拓展知识背景和思维空间，获得基础性的文化知识、价值观、认识论和方法论，使学生的知识范围和思维空间不仅仅局限于专业知识和方法论层面，应使学生的人格获得宽厚的文化底蕴。美育是对整个人的教育，美育已发展成一种以各种美和各种艺术（内容）通过各种审美活动（中介）和美感体验（接受）的综合育人活动，是对人的整体性教育，关注人的整体素质的提高，既提高审美能力，陶冶道德情操，也开启心智之门。因此，美育课程是在追求真善美和谐统一的人格教育，是在关注人的整体素质和个性自由全面发展的素质教育。在教学中，要建立逐层深入的教学目标。从层次性上讲，既要有浅层目标，更要有深层目标；既要有一般性目标，又要有特殊性目标；既要有远期性的课程目标，又要有近期性的课程目标。从全面性上讲，不仅要包括知识性目标，还要包括行为的、情感的、认知的、结果的、体验的、表现的等目标。科学、合理的教学目标的确立有利于教育有计划、有目的地开展和实施。不仅要传授审美领域的相关知识，更要注重引导学生进入艺术所营造的审美境界，体味灌注其中浓郁的审美情感，接受美的感染和陶冶，更要着力培养学生的人文精神，

促使他们完善自身的个性结构，实现全面发展。

2. 注重教育内容的系统性和科学性，促进学生普适美与个性美的和谐统一

美既有相对共通的标准，同时也因个体的个性特点不同而呈现出不同的特点，因此，对于个体的美的教育，也要在普及共性美的标准基础上，针对不同个体的审美接受机制和个性特点开展，教育帮助学生树立正确的个性发展观，促进学生普适美和个性美的和谐统一。

将系统性和科学性的原则落实在以美成人的人格养成为美育教育内容设置上，就要建立系统的课程体系、教学计划，还要强调教育中人格养成的指向性。首先，在课程内容的选择方面，教育的目标并非在于让学生获得专业性教育要达到的某个科目或领域类别的知识体系及结构化了的知识要求，而是在于让学生通过这些内容的学习拓展知识背景和思维空间，获得基础性的文化知识、价值观、认识论和方法论，使学生的智性思考获得独立性，唤醒学生的审美意识，提高学生的审美能力，使其人格获得宽厚的文化底蕴。其次，在教学内容的选择上，重在突出文学艺术门类课程。具体来讲，文学艺术课堂教学主要包括文学、音乐、美术等学科，理论知识主要包括文学和美学的基础理论、艺术理论、文学艺术史和其他相关的文学艺术常识，使学生通过基础理论知识学习，能够了解文学、艺术中的美的原则和各类审美范畴，懂得美的存在形态以及人类审美活动的过程。审美活动使学生进入一个属于个人的审美世界，并从中获得巨大的审美愉悦和享受，不开展具体的审美活动，是无法获得美的。而课堂活动就是审美活动的一个途径，学生在课堂的实践活动中，思维最为活跃，能够消除教学活动中由于知识差异而产生的师生交流障碍。课堂活动能够有效地打破单一的、平面的、封闭的教学体制，它所涉及的是学生更为广泛的学习兴趣、情感体验以及观察能力、想象能力、创造能力和实践能力，这为审美教育开辟了广阔的前景。教育者应在教育过程中，结合教育内容，培养学生的普适美的理念，树立学生科学的审美观，结合个人的性格特征，建立符合个人风格的个性美，在此基础上帮助学生增强自信，促进学生普适美与个性美的和谐统一，完善学生审美人格。

3. 注重教育形式的互动性和多样性，激发学生的人格自我建构意识

人是能动的、自主的，具有选择和自我教育的能力。人的自我意识在自身人格发展中发挥组织、推动的作用，影响并塑造着人格品质结构的其他成分和这些成分的相互关系，制约着个人行为。任何外界的教育影响都必须通过受教育者内在积极性的发挥才能起作用。充分调动受教育者的自主意识，激发其在课程教学过程中的自我建构、自主建设的积极性，既是美育功能发挥的保障，更是受教育者主体人格发展的核心要素。传统的美育课程以知识传授为主要形式，然而，枯燥、晦涩、抽象的讲解分析，不应属于美学课程，美育不仅需要美学理论的指导，还与教育学、艺术理论及实践紧密联系，它是一门将理论与实践相融合，以感性形象的方式作用于人的情感世界的课程。美学课程不同于一般的单纯欣赏，它要揭示美的规律，介绍美学知识，并且要达到一定的深度，具有一定的理论性和系统性。美学课程也不同于一般的专业课程，它还要借助艺术作品的独特性来启迪学生、感染学生，使课堂不仅成为传播知识的场所，而且成为陶冶心灵的圣地。

因此，从形式上来讲，高校的美育课程要充分具有互动性和多样性，吸引学生的注意力、激发学生的学习兴趣。一方面，要注重教育过程的互动性。教育的过程本身就是一个师生双方思想和情感的交流过程，美育教师应该创造一种人格平等、关系融洽、情理交融、生动活泼的教育氛围，进而充分调动学生的积极性、主动性和创造性，致力于启发学生展开丰富的想象，激发其审美创造力，提高学生对教学内容的理解能力。教师在教学过程中应帮助学生把握审美对象，从感染、欣赏、探索诸方面引导学生认识具体作品的艺术魅力，并在教学过程中给予学生恰当的激励、赏识、理解和帮助，努力创设一种和谐、愉快、民主的情景氛围，多给学生提问、回答的机会，注重讨论式和启发式的灵活化课堂教学，注重师生间的交流互动。另一方面，在授课手段上，结合文学、艺术课堂的授课内容，充分发挥多媒体、网络的灵活性、丰富性、实时性等特点，运用多媒体技术，将音频、视频、图片等综合到课堂上，使教学中涉及的艺术作品直观、形象地呈现在学生面前，色美以感目，意美以感心，使学生仿佛置身于艺术殿堂，以此来激发学生的学习兴趣，发挥学生的联想力与想象力，

把它和审美的感性特征相结合，突破现有审美教育偏向理论和知识的局限，有效地把审美的理论教育与学生的审美体验、审美素质的培养有机结合，充分调动学生的积极性，提高学生的审美兴趣，促进学生人格养成。

（二）一般载体：美的校园文化

1. 建设情意化的校园物质文化载体

校园物质文化是校园文化建设的"硬件"，优美的校园环境可以直接使学生受到美的感染。学校的物质基础（环境等）是培养学生的观点、信念和良好习惯的有效手段。整洁、优雅、文明的校园物质文化在以美成人的学生人格养成过程中起到了氛围引导的作用，它会大大激发学生的求知欲和向上的生活态度，促进学生、教师的积极进取，提高学生、教师的审美能力，对学生的行为具有一定的约束力和导向性。

校园物质文化包括校园建筑、教学设施、学生活动场所、校园绿化、馆藏图书等。首先，美观实用的校内建筑与景观建设。建筑本身就是一门艺术，其特点在于它能够在满足使用要求的基础之上，通过其巨大的空间形象，表现出特定时代和民族精神风貌、思想情感和审美趣味。其次，教学手段和科研条件建设。随着科技的飞速发展，教学手段和科研条件也在不断地发生变革，传统的教学方式和科研方法已对先进生产力迅猛发展时代的教学科研形成了制约和局限，教学手段和科研条件建设在学生的教育培养中具有关键作用和占有主导地位。学校通过校园网、电子图书馆、多媒体教室等数字化教学环境的建设，可以为广大教师和学生使用信息技术创造条件。此外，语言传播媒介在校园文化传播中大量运用，建设广播、电视、网络、报纸、杂志、橱窗、板报、明信片、贺卡、信封等校园文化传播媒介，同样利于校园精神文化的传播、师生的交流以及学生之间的互通。

校园物质文化要想在学生人格养成过程中发挥更加有效的作用，就要充分体现其情意化的特征。情感是主体对客体现实的一种特殊反映形式，是人对于客观事物是否符合人的需要而产生的态度和体验，因此客观现实是情感产生的源泉。校园物质文化是校园里的人们情感和精神生活的创造性表现，任何人文景观都包含着特定的情感和思想信息。优雅的校园建筑与设施，应该是寓情于物，寓情于景，才能使人触景生情，随时随地受到美的感染。在大学校园物质文化设计中，引导学生通过感受人文景观的经典艺术作品，体验作品所蕴含的丰富情感和思想，对于丰富学生的精神世界、净化心灵、陶冶情操、培养积极乐观的生活态度等具有重要作用。

2.建设体验式的校园精神文化载体

高校教育除了知识的传播之外，极具特色的就是精神文化建设。校园精神文化是"隐性课程"，从育人方式上讲，它不像课堂教学那样有完整的教学计划和授课计划，也没有精确的分数可以评定优劣，它是一种精神，一种弥漫于校园内部各个角落的颇具个性与特色的氛围。美的校园精神文化能够使学生主动接受熏陶并在不知不觉中受到同化、影响和塑造，进而帮助大学生树立正确的世界观、人生观和价值观，并以正确的方法去认识世界、观察社会、思考人生和探索未来。校园精神文化与美育的这种互动关系对提高大学生的思想道德、文化科学、职业素质和身心健康、人格素养等素质具有十分重要的作用。

校园精神文化是一种观念形态，校园文化活动是校园精神文化建设的有效载体。将强烈的文化色彩、生硬的道德要求、精神品质融于各种活动中，是校园精神文化的主要表现形式。活动具有很大的自发性和群众性，学生在积极参与过程中获得知识和情感体验。如果学生不通过课内课外的精神文化活动来自觉消化、印证、体悟、表达、实践课堂教育的取向，那么这种内化的结局就是不完全的。因此，校园精神文化活动要想充分发挥其在学生人格养成过程中的催化作用，就要注重其体验性，使学生在体验中促进健康人格养成的自我修炼与自我实践。体验是一种发现、一种投入，在心理学的视野中，体验是指被自然和艺术所感动乃至入迷，把全身心都沉浸去的心理过程。这是注入全人格的深刻的经验。体验是主体亲历、体认、品味与验证的过程，它促进了学生知、情、意、行的良性互动过程，对学生人格品德形成起不可替代的作用。

在具体实施层面：一方面，要丰富校园文化活动。校园文化活动的建设是审美文化的重要组成部分，更是课堂教学之余的重要补充及实施美育的最重要手段和方法。学校应多组织开展文学艺术讲座和报告、文化艺术节等艺术活动，丰富学生的艺术文化生活，使学生有机会参与到更多艺术鉴赏活动中。另一方面，要丰富审美实践活动。审美实践活动使学生进入一个属于个人的审美世界，并从中获得巨大的审美愉悦和享受，不开展具体的审美实践活动，美是无法获得的。高校丰富的校园文化生活及相关的社会资源是学生进行审美实践的重要载体。高校的许多校园文化活动都具备形式新颖、内容丰富、格调高雅等特点，蕴含大量美的因素，是很好的高校美育载体。社会上的博物馆、艺术中心、旅游景点同样是美育的重要资源。

学校要多渠道、多途径地了解校园文化活动及社会的美育资源并时刻关注其最新动态，在此基础上，有意识、有目的地鼓励和指导学生利用课余时间，参加校园内形式多样的创造展、文艺演出等校园活动，鼓励他们对社会美、自然美和艺术美进行多方面、多层次的欣赏和实践，不断丰富经验，提高审美能力。

3. 建设人性化的校园制度文化载体

校园制度文化主要包括学校的管理制度、措施及行为规范等，具有精确性、权威性、稳定性和导向性特点。校园制度文化对塑造学生健康人格的导向作用主要表现在以下几个方面：第一，制度文化规范了学生健康人格的发展方向。众所周知，青少年正处于人格的形成与发展阶段，而此时青少年的人格具有极强的可塑性，很容易受一些不良文化以及行为方式的影响和误导。校园制度文化具有一定的权威性，即校园制度一经执行就必须坚决贯彻，校园中任何人都不得违背。这种权威性在很大程度上为校园活动提供了基本框架，遏制了一些不良思想、行为倾向的产生，保障了学生的思想行为朝学校、社会、家庭所期望的方向发展，进而引导和规范了学生的人格发展方向。第二，制度文化建设对学生正确价值观的培养以及判断是非标准的提高起到重要的推动作用。正确的价值观和独立准确地判断是非的能力是学生健康人格的题中应有之义。学校的制度文化是整个社会的、政治的、经济的、法律的、道德的一系列制度文化的微缩，它是学生进行价值判断的一个重要尺度。而这种完善的合理的制度体系为学生所内化，即可形成社会所公认的价值体系。

校园制度文化是学校文化传统的历史积淀，一旦形成，具有相对的稳定性，它作为在校师生应遵循的共同行为准则，有具体的规范性和约束力。改革开放以来，我国对高校管理制度中计划经济时代遗留下来的，不利于培养现代化建设人才的一些内容已经做了卓有成效的改革，现在执行的一些规章制度有适应教育新发展、新要求的一面，但还是存在许多亟待进一步修订的陈规旧律，以及生硬死板的管理制度与方法。教育教学制度的模式化和管理制度的僵硬化，不适应青年学生富有朝气和思维活跃的特点，抑制了个性的张扬和想象力、创造力的发挥。培养出来的是一批具有同样的知识结构、同样的思维方式，缺乏鲜明个性、循规蹈矩、毫无创造力的人。长期处于消极抑制的状态，学生逐渐失去独立学习和思维的能力，从不能选择变为不会选择，从不敢质疑变为不会质疑，缺少想象力、创造力，个性特点逐渐丧失，人格中的个性特点被模式化。因此，必须彻底转变旧的教育观念和办学理念，树立"以人为本"的基本教育思想，使人的本质特性得到完善和张扬，人的身心、智力、敏感性、审美意识、个人责任感、精神价值等方面都得到升华而获得全面发展。作为学校制度制定的标准和依据，学校管理要实行民主管理、自主管理，营造个人心舒畅的生动活泼的制度环境，促进广大师生形成良好的行为习惯、健康文明的生活方式，高尚的道德情操和积极向上的精神风貌。

综上所述，高校校园文化体系的建构要遵循美的规律，充分体现审美理想。校园建筑的布局、造型、风格，以及校园环境的美化、绿化在不忽视其实用功能的同时，以可感的宜人形式给学生以直观的美感，发挥其愉悦身心、陶冶情操、净化心灵、激励向上的作用；高校的管理者和教师通过示范、引导、启发等方法，对学生动之以情、展之以美，为学生营造宽松自由的教育氛围；用科学的管理手段和巨大的情感力量，去影响和教育学生，促进其人格的健全和个性的充分发展。

（三）特殊载体：教师的言传身教

1. 良好的性格特征

性格是人格中的核心因素，是表现在人对现实的态度和行为方式的比较稳定的独特的心理特征总和。性格类型是指在一类人身上所共有的性格特征的独特结合，一般从内倾—外倾和稳定—不稳定两个维度来进行划分。例如主动、善交际、开朗等属于外倾性格，相反，孤僻、沉思等则属于内倾性格；镇静、可信赖等属于稳定情绪，而心情易变、焦虑、易激动等属于不稳定情绪。通常，不同性格类型的教师在教育过程中要注意结合自身的性格特点，例如，外倾型教师宜采用说服教育法和实际锻炼法，内倾型教师更宜采用榜样示范法和情感陶冶法。总的来说，教师的职业的特点往往要求他们具备稳定的情绪，以及热爱学生、勤于学习、亲切待人、诚实公正等性格品质。教师要在政治思想、个人品德、价值观念、行为习惯等方面，为学生树立榜样，要知行统一。教师只有以身作则，为人师表，学生才会有法可效。在具体的教育实践中，教师要做到：有良好的政治素养，能够坚持正确的政治方向，在社会发展的关键期对学生起到导航的作用，具有较强的政治鉴别力和敏锐性；为人正直、正派，具有正确的世界观、人生观和价值观，能够用自己的浩然正气来影响学生、感召学生。教师个人的示范，对于青年学生的心灵，是一道耀眼的阳光。

2. 和谐融洽的师生关系和较强的协调能力

和谐融洽的师生关系在教学过程中发挥着特殊、奇妙的作用，它有利于教师对教育教学的开展，它像一根彩带拉近了师生心灵的距离，使学生学习动机由单纯的认知需要上升为情感需要，使教师工作动机由职业需要上升为职责需要。因此，教师要以爱为本、对学生多一点尊重和信任，爱心是和谐师生关系的基础，尊重和信任则是沟通师生情感的桥梁。教师还要发扬民主，注重学生个性，多一点欣赏学生的眼光。此外，建立良好、融洽、和谐的师生关系也需要教师具有较强的协调和管理能力。具备良好师生关系和较强的协调能力的教师，在教育教学活动中表现为愿意与学生多交往、多沟通，与人相处时多表现出真诚、尊重和信任的积极态度，能够得到学生的尊重、认可和接纳，有助于学生形成健康的人格。和谐融洽的师生关系能够使学生和教师之间交流信息、联络感情、互相激励，从而形成合力。因此，教师不仅需要成为传授知识及技能的"名师"，更要与学生成为朋友，加强学术及感情交流，在治学、交际、待人处事等方面影响及引导学生。学校的管理人员也要树立育人意识，加强服务意识，充分尊重教师和学生，加强沟通和了解，全方位构建校园和谐的人际关系，使学生在人际交往中得以充分体验美、感受美，营造学校朝气蓬勃、奋发向上的良好氛围，促进大学生身心健康成长。

3. 良好的自我调控系统

自我调控系统是教师完美人格中不可缺少的部分，它表现在积极正确的自我认识和对他人的认识、良好情感及其调控能力和坚韧不拔的意志力三个方面。能够正确自我认识的教师，能恰当地评价、接受自己和他人，能控制和掌握自己的命运。有同情心、有热情及其他良好情感的教师往往有良好的师生关系，他们在教育教学实践中能够热情、真诚地对待学生，激发学生的创造精神；而具备良好的情绪调控能力的教师不仅能够及时合理地排解自己的消极情绪，也能掌握和控制学生的情绪、情感，为成功的教育创造健康环境。有坚韧不拔意志力的教师能够在烦琐的工作面前不退缩，也能理智地保持对学生耐心、和谐的态度，并为学生树立良好的意志品质榜样。

此外，良好的创新意识、实践能力以及不断学习的能力，是教师以人格魅力为基础的言传身教功能发挥的保障。作为培养社会主义建设者和接班人的教师，应当具有创新意识，体现在教学实践中不断改革教学方法，主动研究学生特点，启发学生思维，创造性地完成教学任务。同时，作为人才培养者的教师，要勇于接受新观念、新知识，主动向他人甚至学生学习，不断充实提高自己，使自己具有广泛渊博的知识，用自身的学识来吸引学生。

从上述分析，我们不难看出，教师的言传身教在教育教学过程和实践中对学生产生了一种潜在影响，是学生既"无形"又"有形"的榜样。因此，教师的言传身教是大学生美育与人格素质教育的特殊载体。

二、高校的美育课程运行机制

（一）建设校院两级"齐抓共管"的大学生美育领导机制

1. 明确校院两级齐抓共管的职责

一方面，在学校层面上要突出发挥领导的导向性和监督性。建立学校领导小组，集中学校的党、政、工、团主要领导，无论是从思想上、组织上，还是从行政上、后勤上都对学生的美育工作起到有力、坚强的后盾作用。在学校领导小组的领导、指导、管理和协调下，促进大学生美育工作的具体落实。另一方面，在学院层面上要突出发挥学院学生管理部门的具体性和针对性。结合学校的教育教学精神，将具体的学生管理、组织、引导工作落实到具有针对性的学生活动中，更好地搭建科学、合理的美学教育平台，促进学生人格的完善。

2. 确定校院两级齐抓共管的内容

对美育工作实行校院两级齐抓共管，那么，具体"抓"什么？"管"什么？主要包括四方面内容。第一，要做好艺术课堂教学落实。学校在思想层面上进行教育教学的课堂设计、安排和实施，建立深入浅出、吸引力强、趣味性浓厚的课堂教学，切实贯彻和落实艺术课堂教育教学；学院要做好学生课堂管理工作，保证学生的出勤率，落实课堂教学内容对学生的传输。第二，要做好校园文化共建。学校在物质文化建设层面进行科学的美学设计，在精神文化建设层面掌握和指引学生学习、活动的方向；学院在基础的层面上指导学生具体学习、生活、活动内容和形式，引导学生营造美的学习、生活环境，建设美的寝室、美的教室、美的校园，进而营造美的校园文化氛围。第三，要推进教师人格美化。在学校层面，加强教师培训力度，为他们提供更多学习、领悟的机会，为教师的人格完善搭建更广阔的平台；在学院层面，重点加大对所有教师的关注力度，在困难的时候提供必要的帮助和支持，保证教师能够以愉悦的心情、饱满的精神状态走上课堂，引领学生专心、快乐地学习。第四，加强网络平台监管。在学校层面，通过对校园网络建设、美化来引导学生喜爱美、追求美，同时对学生的网络语言、活动等进行监管，及时发现和解决不美的、不和谐的言论和网络行为；在学院层面，自上而下加大网络道德、网络审美的宣传，鼓励学生领悟美、创造美，奖励美的网页设计、美的言论和网络行为，使学生在平等、广阔、尊重、审美的空间树立自我形象，增强自尊自信，进而完善学生的人格。

（二）建设以"学科建设"为依托的大学生美育动力机制

1. 高校要自觉加强美育学科建设

美育学科的特有属性，还强调理论与实践相结合。然而，现代美育理论的研究存在上述两方面严重脱节的突出问题，即缺乏理论的具体性与经验的抽象性。高校汇集了各门各类的高级研究人员，是理论研究和知识创新的重要场所，同时又是实施美育实践的现场，具有建设美育学科得天独厚的条件。因此，高校要充分重视美育学科建设，引导和组织相关学科科研人员联合攻关，系统研究美育学科的一般规律、本质特征、功能任务、方式方法等基本问题。同时，提供学科建设所需的经费、人员、场所、设备等基本条件物质保障，支持并推动美育学科建设与发展，以此逐步建立起高水平的美育学科，使高校以美成人的美育实践工作在系统、完备的理论指导下，获得无穷的发展动力。

2. 借助学校现有学科优势建设美育课程

当前美育学科建设尚处于发展阶段，高校美育实践不能等待和观望，要紧紧依赖并整合现有学科实力，开展美育实践活动。美育课程的建设必须面向未来，站在更高的层次上，从全新的角度认识和研究美育的基本问题。美育必须把人的精神解放与审美人生观的培养，审美力的培养，学生素质的全面发展，以及科学教育和人文精神结合起来，把以美成人的学生人格养成作为美育的归宿，作为美育发展的终极目标。因此，高校必须沿着素质教育的方向，借助学科研究优势，以全体学生为教育对象，以古今中外美学思想、文艺学思想、教育思想和现实教育实践为基础，以数字信息化传媒为手段，构建具有中国特色的、具有新内涵的美育课程。要以学科建设为主体统筹学校的美育工作，有计划、有步骤地推进美育课程建设工作，把文艺理论、教育学等专业课程作为美育实施的重要手段和内容，完善美育课程建设，并辐射到其他学科领域，渗透到学校教育的方方面面。与此同时，要将小说、戏剧、诗歌、音乐、绘画等艺术的欣赏和创造作为美育理论课程的补充形式，通过具体而生动的审美实践活动，提高大学生的审美鉴赏能力和审美创造能力，实现情感的满足和升华。

（三）建设"全员、全程、全方位育人"的大学生美育保障机制

1. 创建大学生美育"全员育人"的教育体系

"全员"，即包括学校领导、教师、管理人员和服务人员等各层面的全体人员在内的全员教育体系。首先，在领导层面要充分重视。在美育与人格素质教育过程中，领导者的决策决定了教育的实效，领导的重视为学校美育活动的具体实施提供了坚实的基础、有力的支持和多重的保障。领导要从发展大学生美育的角度，重视学生的全面发展，对学校的发展进行整体规划，提高校园文化的导向性，避免各种校园文化活动的盲目性，促进校园文化建设的整体推进。其次，在教师层面要不断提高美育课程的教学质量。通过丰富多彩的课堂教学

活动，为学生创造感受美、欣赏美的环境和机会，让学生了解人类艺术发展的历史和优秀的艺术作品，掌握艺术基础知识和基本技能，具备艺术审美的基本能力，并在此基础上，以艺术教育特有的方式，开发学生潜能，展示个性，培养创造精神和实践能力。再次，在管理、服务层面上着力塑造"美"的环境。采取有效措施，提高管理、服务工作人员的美学修养，鼓励工作人员以优雅的环境、优美的语言、优秀的管理和优质的服务面向学生群体，身先示范，为学生营造"美"的环境，树立"美"的形象。学校管理人员要体现育人导向，把严格日常管理与引导大学生遵纪守法、养成良好习惯相结合；后勤服务人员要努力做好后勤保障，使大学生在优质、贴心的服务中受到感染和教育。最后，在学生骨干层面上要加强学生的自我教育，营造良好的校园文化氛围。学生骨干是学生中的特殊群体，开展大学生美育和人格素质教育，学生骨干的作用不可忽视。因此，在教育实践活动中注重对学生骨干群体的思想引导、理论指导和行为督导，充分肯定学生骨干的能力，发挥其表率作用，带动广大学生群体参与到人文素质培养、美学鉴赏能力提高和人格完善的活动中。

2. 搭建大学生美育"全程引导"的教育平台

"全程"，即符合大学生人格发展规律的美学修养的培养和提高全过程。大学生人格养成的长期性决定了其审美修养教育的全程性，决定了它必须贯穿从学生入学到毕业的全过程。同时，在学生整个大学学习生活期间，美育也不是一成不变的，它还具有阶段性的特点。因为不同的人存在能力、气质、性格、兴趣、动机和价值观等差异，这种差异既与各人的先天素质有关，也与其后天的经验和学习有关。这就决定了教育的具体实施要依据不同教育课题的实际状况和客观需求，根据不同年级、不同性别的学生在思想观念、心智成熟程度以及面临的现实问题等有的放矢地进行教育。因此，大学生美育要依据不同群体在不同阶段的特点，开展分阶段教育。

3. 构建大学生美育"全方位促进"的教育环境

"全方位"，即全方位构建开展大学生美育与人格素质教育的软、硬环境。寓美育于智育中，通过通识课、选修课以及讲座、报告等课程体系，指导学生如何鉴赏美、辨析美，使学生掌握美学的基本理论知识和基本技能。而后通过各类学生活动，在实践中引导和鼓励学生，为学生搭建创造美的平台。最后，关注校园的软、硬环境建设，着力加强校风、学风建设，使学校的历史传统、精神氛围、理想追求、人文气象等集中反映学校的优良传统和独特风格；使校园的各种建筑，教学科研、文化设施、生活设施以及校园里湖水、草地、花坛、道路等硬件工程合理布局、建构优雅、品位高尚，在学校构造全方位尚美、求美、制美的大环境。

（四）建设以"个性化评价体系"为依托的大学生美育评估机制

1. 确立差异性的评价标准

每个学生发展的速度与轨迹不同，发展的目标具有个体性，因此评价也应是个性化的。教育评价要依据学生的不同背景和特点、正确地判断每个学生的不同特点及发展能力，促进每个学生的发展。以往，我们的教学只注重学生的美育知识与技能的掌握，却忽视了对学生的审美意识的培养和人格的养成；只重视艺术能力强的学生的发展，却忽视了其他学生的发展；教学评价单一化造成艺术教学缺少内在的持久动力。因此，我们应该根据学生的实际特点，建立学生个体的评价档案，尊重学生的个性化发展和差异存在，强调过程取向和主体取向的评价。凡是具有教育价值的结果，如学生在课堂上取得的点滴进步，不论是否与预定目标相符合，都应当受到评价者的支持与肯定。主体性的评价不是靠外部力量的督促和控制，而是每一个主体对自己行为的"反省意识和能力"。与此同时，还要按照"分层施教"原则，制订后进生转化计划和优等生培养计划，确定学期目标，制定措施严谨落实，使每一个学生都能在原有的基础上得到发展。

2. 制定综合性的评价内容

以美成人的高校美育是一个庞大的教育体系，因此应当在全方位、多角度调查、思考和研究的基础上制定综合性的评价内容，以促进高校美育顺利实施。从三个维度设计以美成人的高校美育工作评价内容，即美育的工作条件、工作过程以及工作效果。首先，美育的工作条件维度主要包含组织、经费、环境、基础设施等要素，这是高校美育工作是否顺利开展的必要保证。组织层面上又具体涵盖组织管理机构、工作队伍以及工作制度等内容。其次，美育工作过程评价维度主要包括日常教学、管理的审美化、艺术课堂教学、网络平台建设、学科美学渗透、校园文化环境建设、相关科研等要素。它是美育工作的活动轨迹，是美育工作的主体。最后，美育工作效果的评价维度是对美育工作状况进行"诊断"的环节，是教育评价过程中的重中之重。其评价对象指向了学生群体，评价的具体内容不仅要考查学生的知识、技能，更应包括学生的情感与价值观、心理结构等人格方面的变化与发展。细化为基础性内容和发展性内容两个方面：基础性内容是评价教育的基本依据，主要包括艺术知识理论水平、艺术审美能力等；发展性内容是评价学生学业成绩的主要依据，侧重于对个体创新能力、价值观水平等人格水平的评价，关注学生综合素质的提升。通过制定综合性的评价内容，教师和管理人员的教学、管理积极性大大提高，学生的学习兴趣和审美意趣被充分激发，学生健全、审美化的人格得到完善。

3. 形成多元化的评价方式

高校要建立多样化的评价方式来充分调动评价对象参与评价的积极性，促进学生的个性化发展和潜能挖掘。首先，日常评价和阶段性评价相结合。日常评价是指教师对学生日常艺术鉴赏和艺术表现等诸多方面的信息收集和记录，而不是仅仅依靠期中、期末阶段性测评结果决定教育效果。要在整个学习过程中通过多种活动收集学生的学习进展情况，只有把日常评价和阶段性评价相结合，才能更全面、更公正地对学生作出个性化评价。其次，学校评价和学生自我评价相结合。传统教学评价中，评价主体是教师，整个课堂中的评价活动几乎限于教师对于学生的评价，学生是评价的被动接受者。个性化评价要求教师更多地成为评价活动的组织者、协调者。评价的主体呈多元性，教师、学生都参与到这一评价活动中，使评价更全面、更有说服力和指导性。自我评价法是学生对自己的活动所作出的评价。它主要包括表演能力自我评价法、理解水平自我评价法和自我观察评价法三种形式。此类评价法能促进学生参与评价过程，且花费时间较少，能培养学生的自主学习能力，掌握有效学习策略，增强学生学习动机。学生在自我观察过程中进行自我反思，从中对自己的学习策略加以调整和改进，相比教师直接对其进行学习指导印象更加深刻，更好地培养他们自主学习的习惯和能力。

（五）建设以"教师美学修养提升"为前提的美育队伍建设机制

1. 内在美的提升

人的内在美是指人的内心世界的美，是人的思想、品德、情操、性格等内在素质的具体体现，所以内在美也叫心灵美。它包括人生观、人生理想、思想觉悟、道德情操、行为毅力、生活情绪和文化修养等。内在美反映人的本质，一个人有了内在美，便可以在精神上放射出美的光辉，进而体现为外在美。高尚的人格和职业道德，丰富的专业学识和艺术修养，构成教师和管理人员的内在美。教师和管理人员的内在美直接或间接地影响教师的教育教学和管理活动，它通过各种途径、方式渗透到教学活动中，影响教学效果和质量。

首先，教师和管理人员必须具有高尚的人格和职业道德。教师和管理人员的高尚人格对学生的人格养成产生极大影响，这种影响无处不在，它甚至会改变学生的人生观和世界观。因此，从高校美育角度来说，要强调教师和管理人员对于自身修养的自觉性，发自内心的主动提升才能真正提高个人修养和内在人格。教师和管理人员的职业道德是基于学生、家长等社会各层面对教师职业的期望，具有良好职业道德的教师和管理人员才能够获得学生、家长、社会的认可、信赖和赞许。一般来说，忠于教育事业、热爱学生、严谨治学、以身作则、为人师表等是对教师职业道德的要求。遵守职业道德，提高职业道德修养是每一位教师和管理人员应当努力做到并时时完善的。其次，教师和管理人员必须具有丰富的专业学识和相应的艺术修养。教师的专业知识修养主要是指教师的专业知识储备及其相应的教学能力，是每一位教师都要具备的根本知识基础，也体现了教师的魅力。教师的专业修养程度与学生对教师的接受程度是紧密相关的，深厚的专业功底是学生对教师产生信任和认可的根本条件，也是树立良好教师形象的坚实保障。而艺术修养既可以使人具有美的气质，又可以陶冶人的情操，使人与群体更加融洽。教师和管理人员应当善于创造美的工作环境，以修身养性的心理优化和无声浸润的审美养成来实现对教师和管理人员审美素质的全面提高，以高尚的风气、良好的秩序、幽雅的环境来美化学生的心灵、陶冶学生的情操、启迪学生的心智、开阔学生的视野、激发学生的上进心和培养学生的愉悦情绪。

在教师、管理人员内在美的提升方面，由于高校教师和管理人员都是具有高学历、高智商的知识分子，是社会的精英，他们掌握和熟悉科学文化的发展动态以及人才的培养规律，因此，教师和管理人员的自我教育和提升不仅十分必要，而且非常重要。一方面，可以通过参加教师论坛、专题培训、优秀教师先进事迹报告会等方式提高教师、管理人员的自我人格修养和道德涵养。"师者，人之模范也"，教师要在日常工作、生活中不断学习、感悟，为使自身具有崇高的责任感、无私的爱和高雅的情趣而不懈努力。另一方面，教师和管理人员要在实际工作中有意识地完善知识结构，不断地储备知识，应当在知识的学习、探索、钻研和拓展上具有创造的激情，不满足于已知的世界，对新事物、新问题和新经验始终怀有高度的敏感和浓厚的兴趣，使自己保持知识的前沿性，在实际教学和教育决策制定过程中，尊重发展规律，紧扣时代脉搏，提高学生的美育培养成效。

2. 外在美的提升

教师和管理人员的外在行为修养，主要体现在他们在教育教学和工作中表现出仪表美、举止美和言语美三个方面的美学修养。

首先，教师和管理人员要具有仪表美。作为审美的主体，教师、管理人员要能够感知美、认识美并在工作中创造美；而作为审美的客体，教师和管理人员则以其自身成为美的载体，即所谓的仪表美。因此，教师和管理人员的服饰应该有鲜明的职业感。从审美意义上看，教师服装要体现简洁明快、端庄稳重、大方雅致的特点。教师"为人师表"，其本身便是学生的榜样和模仿对象。因此，教师在着装时，既要考虑与学校环境和教育氛围的协调，还要兼顾社会对教师修养等方面的要求。教师的服装既要给人以美感，还要尽量衬托出教师个人的自然美，突出教师的性格特点与内在的为人风范。其次，教师和管理人员要具有行为、举止美。而文雅的动作很大程度上来源于个人的德行和修养，即个人自身的内在精神。教师在教育实践活动中，要通过优雅的言谈举止和仪态风范，表现出教师丰富的教学阅历、扎实的专业学术知识、深刻的思想内涵、对人生独到的理解等。这样，才能得到学生的敬佩和崇拜，使学生从心里感受到教师的"美"，一种内在的本质的美，也即教师的智慧之美。最后，教师和管理人员要具有言语美。从语言艺术的角度来看，富有魅力的教师不仅是由于他们对于社会、人生智慧的洞观，更在于他们有能力用美的语言去拨动学生的心弦。因此，教师不仅拥有深邃智慧的精神世界，也必定以外在的言语表现力、教学风范等为桥梁，教师流畅、准确、幽默的语言表达能力，富有美感的教学语言，往往会促进学生感受美、领悟美、联想美，进而追求美，从而得到学生的认可与喜爱，与学生产生情感共鸣。

教师、管理人员在外表美的提升方面，可通过艺术类课程、旅游观光、艺术欣赏等方式来提高艺术素养。由于艺术素养对人的审美能力起激活、放大的作用，艺术素养的提高有助于教师和管理人员把工作及工作对象作为一个具体的感性形态的整体来审视，以不同的形式表现美，使教师在教学过程中能够充分地创造美的氛围，通过自身的语态、表情、手势、语言等方式使学生体会美、感知美。因而，教师和管理人员在提高自身艺术素养的同时，还要注重日常锻炼，如锻炼健康的体魄、自然适度的表情和姿态，流利、适当的语言，以审美的眼光搭配服饰，做到大方得体，与环境和职业相协调，为学生树立行为榜样。

3. 教学、管理技能美的提升

教师和管理人员的身份角色和职业特点，要求他们在工作中要注重提高自身的教学、管理技能美。

首先，教师要提高教学技能美。教育是一门科学，又是一种艺术，所谓教学艺术，亦即教学引导，是指在教学实践中体现美学特征，并给人以审美感受。有学者认为教学具有三重性：科学性、思想性和审美性，分别对应于教学的"真""善""美"。其中，教学的审美性是指教学活动本身所具有的特性之一。因为事物的特点和功能紧密相连，故教学的审美性使教学过程具有审美功能。教学的审美性特点与审美功能的发挥，是教师的教学能够产生引人入胜的审美魅力源泉。教学美是教师根据教学规律和美的规律创造出来的，是教师智慧的结晶，是教师精湛教学艺术的展现。一方面，教学过程具有和谐美。教学过程是由教和学双边活动协调统一所形成的，教师要尊重学生的主体地位，使学生得到自主全面和谐可持续发展，实现多种心理能力的协同作用，充分发挥想象和情感的作用，实现理性因素和非理性因素交流，从而形成一种活跃、生动的教学气氛。另一方面，学习内容具有充实美。教学内容的丰富性是教学美的一个极其重要方面，这不仅是因为教学内容本身十分丰富，包括科学基础知识范围的教学内容、道德社会知识范围的教学内容、劳动技术范围的教学内容、艺术范围的教学内容以及体育运动范围的教学内容等，还因为这些内容在一定程度上是相互渗透和交融的。在教学内容的丰富美中，既有从人类文化知识体系中直接迁入的丰富的艺术美、社会美、自然美、科学美内容，也有部分经过教师和学生加工改造后而具有美的特征的内容，这主要是使真的内容、善的内容获得美的形式。其次，管理人员要提高管理技能美。管理人员在管理中，特别是在与学生交流的时候应当注意技巧，良好的交流与愉悦的氛围有利于工作的开展和对学生的培养。在管理中，也要注意方法创新，时常了解和掌握学生的思想动态和需求，采用学生喜欢和乐于接受的方式高效地开展管理工作，从而获得学生的尊重和认可。

教师和管理人员在教学、管理中是否体现出工作的美感和艺术性直接影响教师与学生、管理人员与学生的知识传授、工作交流、情感沟通等互动是否顺利，因此提升教师和管理人员的教学、管理技能美至关重要。在实际工作中，可以通过培训、交流、进修等方式来提高教师的教育教学能力和技巧。首先，教师和管理人员在教育和管理过程中要机智、灵活，机智的解答方法和灵活的教学方式能够启迪学生的心智。其次，教师和管理人员不仅要熟悉自己的专业知识、技能，还应当对教学活动中的一些相关边缘知识有所了解和掌握，从而更好地展示教育、管理能力，能够运用网络、计算机、多媒体等手段营造良好的教学氛围和管理环境，提高对学生教育和管理效力。最后，教师和管理人员还要具有风趣幽默的行为特点。教师和管理人员在日常生活和工作中要积累幽默素材，锻炼风趣幽默的言谈举止，以便在教学和管理实践中恰到好处地运用，活跃气氛，拉近与学生的心理距离，促进情感交流。

第四章 高校公共美育课程

第一节　高校公共美育课程的内容与框架

一、高校公共美育课程的内容

（一）高校公共美育的特殊性

目前，与德育、智育、体育相比，我国高校美育正处于高校教育中较为薄弱的位置。从课程设置来看，高校德育的课程体系构成主要采用必修与选修相结合的形式，开设思想道德修养与法律基础的必修课，辅以多种多样可供学生选择的选修课。高校的智育课程设置通常是针对专业课程的学习，注重学生专业能力的培养，在国家政策、科技进步、社会需求及教学质量监控等要素的推动下，不断改革发展，形成了较为完备和成熟的专业课程体系，课时量非常充足。体育教育在大学阶段设置必修与选修相结合的课程体系，这一点与德育课相似，但其必修课数量占学生必修课总数的30%，有略胜于德育的趋势。

大学阶段，学生们脱离了应试教育，处于人生的十字路口，正经历各自发展轨迹选择的彷徨期，素养教育正当其时。审美教育课程的设置应较中小学阶段更加丰富，也更具挑战性，但从目前的实际情况看，美育教育并未发挥其应有且不可替代的作用。主要表现在：一是对美育教育的重要性认识不足，在教学计划环节，未设置美育必修课程，尚未将美育教育融入教学体系中；二是美育教育的理论基础和实践经验不够成熟，在教学实施环节，课程内容缺乏系统性，尚未建立起完整的美育教学体系；三是美育教学目标远不能适应社会发展和学生成长需求，教学效果上未建立美育课程监测与评价机制，单纯为了开课而开课。

（二）高校公共美育课程的具体内容

了解审美教育课程内容的含义之前，先了解课程的含义。对于课程的定义，我国学者施良方归纳出 6 种典型的课程定义：

①课程即教学科目。

②课程即有计划的教学活动。

③课程即预期的学习结果。

④课程即学习经验。

⑤课程即社会文化的再生产。

⑥课程即社会改造。

高校公共审美教育课程有广义和狭义之分。广义的高校公共审美教育即审美教育，课程涵盖美育、美学课程、艺术类课程、文学类课程等。狭义的审美教育课程单指艺术教育，以"大学美育"或"高校公共美育"等命名，其课程内容主要是以教科书为载体，教科书根据具体教学目标，按照相关标准，统筹教学对象应该获得的审美能力，运用科学、系统的方法编订而成。

（三）高校公共美育课程目标确立

在高校美育教育发展进程中，学者们对于高校公共美育课程的目标都进行了积极的探索和研究，所形成的观点对最终实现目标的统一起到了推动作用。例如，有学者认为，将目标分为终极目标和具体目标，终极目标为培养完美人性，促进学生健康、和谐发展。具体目标包括主要目标和同时目标两个部分，其中，主要目标是塑造审美意识、发展审美能力、提高审美表现和促进审美创造；同时目标是促进大学生德、智、体素质的全面和谐发展。也有学者认为，大学美学课和美育课教学目的不明确，不能达到高校公共美育的目的，应该开设一门公共基础课，即大学审美教育课，使学生树立正确的审美观，培养健康的审美情趣，发展感受美、鉴赏美和创造美的能力，在审美活动中达到陶冶情操、完善人格的目的，提高自我美育的自觉性。又有，大学审美教育课程的教学目标是使学生对美学和美育基本理论有较为系统的认识，并能运用美学理论分析各种审美现象，提高审美的自觉性；再有，从通识教育的角度提出，大学审美教育课程的最终目标是求真、向善和唯美。美育包含对真理的追求、对生命的尊重和对美的热爱。

综上所述，高校公共审美教育课程的目标在于传授基本的美学与美育知识，提高审美能力，树立正确的审美观，实现感性世界与理性世界的和谐，最终实现人格的完善。同时，要结合学科优势和地方教育资源优势，丰富教学内容和形式，强调传统文化的传承。

（四）高校公共美育课程体系研究

课程体系是实现高校公共美育课程目标的载体。在体系建设上，必须以育人为本，注重与其他课程体系协同发展，一是坚持循序渐进原则，尊重人才成长规律；二是润物细无声，促进艺术教育与思想政治教育有机融合；三是美育课程教学与文化课程教学相辅相成，使教学效果相得益彰；四是秉持美育特色，充分发挥艺术之美的魅力；五是通过不断创新，促进高校美育教育的持续发展。

在高校公共美育课程体系的具体构成上，可分为理论和实践两大部分。理论教学课程包括基础性课程、专业主干课程、艺术鉴赏等；实践教学课程以传承中华优秀传统文化艺术为重点，采取文艺演出、美术展览等形式开展各类活动。

为确保美育课程效果，在高校公共美育课程体系的保障上，应从五个方面着手：一是开展美育教学研究和教材研究，制定高校美育课程学业质量标准；二是根据公共美育课程目标，制定符合高校艺术专业特点的教育教学评价标准；三是遵循方向性和科学性原则，采取相应措施对美育教学过程及质量进行监测；四是结合高校具体教学状况和发展规划制定大纲、设置课程模式，如必修、限定性选修和任意性选修等；五是重视师资队伍建设，通过培训和交流不断提高美育师资水平。

（五）高校公共美育课程的课程性质

与中小学教育阶段相比，高校学生已经具备了成年人的体格及生理功能，其思维发展相对于义务教育阶段和高中阶段更加成熟，但从现实情况看，我国高校学生普遍存在价值观不稳定、情感不稳定、心理成熟落后于身体成熟的现象，因此，大学阶段是学生走向成人的转折点、关键期。

人人都向往美，美是最能直抵人心灵深处的。与其他专业课程相比，高校公共美育课程对于学生的心理建设有得天独厚的学科优势，其所面临的一个重要任务就是提高高校学生的人文素养，使学生们成为心理健康的成年人。但是，相较于中小学教育阶段，我国高校反而缺少相对统一的、作为受过高等教育的人必须具备的审美修养公共基础课，这一点显然对建立在基础课之上的美育目标实现形成了制约。因此，高校亟须确立公共美育课程，并将其定位为一门公共基础必修课程，高校学生只有具备一定的美学和美育理论知识，以及运用这些理论知识分析各种审美现象的能力，才能提高审美的自觉性和审美能力，建立正确的审美观和审美情趣，丰富审美想象和审美情感，提升审美境界和人文素养，美育教育才能达到协同育人的效果。

二、高校公共美育课程的框架

（一）高校公共美育课程的框架设计

1. 理论课与实践内容

高校公共审美教育课程包括基础理论和审美实践两部分内容。基础理论包括美学与美育的基本理论知识、各种类型美的基本知识；审美实践包括各种美的鉴赏和创造活动。这两部分内容不是相互割裂的，而是相辅相成融合在一起的。

理论知识的学习是进行审美的前提条件，学生只有学习了理论知识才能指导审美实践。反之，只有通过审美实践才能更好地理解理论知识，通过欣赏多种美的事物，提高审美判断力和鉴赏美能力，进而使学生能够辨别美丑，树立正确的审美观，实现人格的完善。因此，在课程内容的选择与组织上，高校要遵循理论与实践相结合原则。需要注意的是，高校公共美育课程是针对所有专业大学生开设的公共基础性课程，因此选择课程内容不应过于专业或晦涩，尤其是理论知识部分，只选择基础的理论知识即可。

2. 美学理论知识的内容

美学是哲学的一个分支，其主要研究对象是美和艺术。高校公共审美教育课程是面向全体高校学生的课程，因此应选择最基本的美学知识。美学知识的学习是为审美鉴赏与树立正确的审美观奠定基础，在选择美学知识时应注重有指导意义的入门知识。学生通过对美的基本知识的学习，认识什么是美、美的特征、形态和范畴，进而形成审美判断，树立正确的审美观。因此，在美学基础知识的学习中，应有美的本质、美的形态、美的特征和美的范畴等内容。

美学其他部分知识的学习，如审美经验、审美情感、审美趣味、审美创造等方面的知识，大多是从审美心理的角度来分析人的审美活动，探析人的审美活动的产生与发展。这些知识太过专业化，对于正确审美观的确立、审美能力培养和人格的完善作用不大。这些理论知识还集合了各家之言，在学术中尚未形成定论，作为美育内容来学习太过艰深。

3. 美育理论知识的内容

美育基础知识的学习在高校公共审美教育课程内容中虽不占主要地位，但也是有必要的。一方面，美育基础知识不是课程内容的主要部分，是由于高校公共审美教育课程并不只是针对师范专业学生开设的专业课程，没必要面向全体学生开展系统教学；另一方面，美育基础知识的学习是有必要的，因为现代人对于美育还存在很多误解，大多将美育视为道德教育的手段，或者简单地认为美育就是学校开设的艺术课程，对美育缺少正确且全面的认识和了解。因此，高校公共审美教育课程中，对美育基础知识的学习是必要的。但在美育基础知识的选择上，应遵循基础性原则，目的是使学生认识和了解何为美育。因此，美育基础知识应包含美育的含义、美育的途径和美育的功能等。

4. 各种类型美的理论与审美实践的内容

高校公共审美教育课程主要通过审美活动来实现，各种美的鉴赏与创造是其课程内容的主要部分。要想对各种形态美进行鉴赏，前提条件是认识和了解各种美的基本知识。通过对各种美的含义、特征、形态、要素等知识的学习，积累一定的理论知识，为审美实践奠定基础。

美的形态可以分为自然美、科技美、社会美和艺术美，高校公共审美教育课程内容的审美实践部分也将从这四个部分选择。由于自然美和科技美的审美创造很难在课堂教学中实现，因此审美实践部分主要是对自然美和科技美的鉴赏。社会美可以通过对自身形象的塑造来实现审美创造，艺术美可以通过艺术创作来实现审美创造。

高校公共审美教育课程内容的基本理论和审美实践内容是相互融合的关系，在组织课程内容时，要避免出现两部分相互割裂的状态。本文只展现了高校公共审美教育课程应当具备的内容，在具体课程实施中，可以有所侧重，也可以有所添加。例如，在审美实践部分对自然美、科技美、艺术美和社会美的鉴赏与创造，可以全部涉及，也可以有所侧重地选择一种美的形式作为课程主导，其他部分为辅。在基本理论部分，对于理论的学习也可以根据课程时间、学生审美素质和课程内容安排等情况，适当增加或减少。

（二）高校公共美育课程框架设置的建议

1. 注重审美实践内容的设置

（1）审美体验内容的设置

审美体验是指审美中主体心力、情感投入、体悟、拥抱对象的心理活动和审美经验。其过程是通过直觉、认知、想象、理解、移情，发现对象与自我的精神需要、观念、价值、情感、情绪同一性、相似性，其结果是在对象的情感交流中产生感同身受、同情、愉悦、欢乐等情感情绪，乃至产生高度兴奋、物我两忘的高峰体验和美感极致。

审美体验的获得需要学生对审美对象进行观察、触碰或聆听，以直观形象的方式呈现给学生。因此，审美体验主要通过对美的事物的欣赏来实现。要增强学生的审美体验有两种方式：一是在课堂教学中适当增加审美实践活动所占的比例，将基本理论的讲授与审美实践活动相结合。通过数量的积累，来达到质的飞跃。二是通过精心筛选和安排作为审美对象的内容，从而带给学生最好的审美体验。在有限的课堂教学中，为了使学生有更好的审美体验，就要选择符合大众审美标准的具有代表性的美的事物。三是选择贴近学生生活的事物，容易与学生产生情感共鸣，从而增强学生的审美体验。四是要注重审美对象的多样性，给学生带来愉悦、悲伤、同情等不同的审美体验，使学生拥有丰富的审美感受。

（2）审美创造内容的设置

审美创造是指人们对美好事物创造的行为实践，是有意识的心理活动。

审美创造可以是心理的，也可以是行为的。现今高校审美教育课程中的审美实践活动多数只停留在审美体验这一环节。教师在课堂上通过多媒体播放图片、视频或音乐的方式，让学生欣赏作品。教师通常会对作品的创作背景、作者背景、作品的意蕴和手法等做阐述，很少从审美的视角引导学生欣赏。学生对于作品也多是认知方面的学习，较少怀着审美的心态对作品进行体味。即使学生对作品有自己的观点也很少有机会表达出来，学生的主体地位在课堂教学中很难显现。

教师可以通过以下几种方式为学生提供审美创造的机会：首先，在作品欣赏中引导学生进行审美创造。在审美过程中通过对事物的欣赏，产生自己对于作品的感受、理解与评判，同样是审美创造的表现。教师可以在呈现作品时适当地引导学生进一步思考，如询问学生对作品的理解，作品给他们带来的感受，或认为事物之所以美的原因。其次，通过布置课后作业的形式来弥补课堂教学审美创造的不足。教师可以针对本节课内容，给学生安排适当的作业。需要注意的是，作业的内容应是学生感兴趣的，能够引起学生创作的欲望；同时考虑到学生所拥有的资源，使用的工具应是每个学生都有的；作业的形式要大众化，要考虑到全体学生的能力。

2. 充分利用地缘优势

（1）课堂教学中地方传统文化的运用

高校公共审美教育课程在课程内容的选择上，要利用地方文化资源优势。一方面，地方特色文化多是艺术形式的文化，适合作为美育内容。例如，京剧、粤剧、剪纸、皮影等，都是具有地方特色的艺术形式。另一方面，这些地方特色的文化扎根地方，深受地方人民的喜爱，拥有众多艺人，留下了许多优秀作品。高校可以邀请这些艺人作为教师授课，他们熟悉地方文化发展的历史，并熟练掌握这门技艺，能够随时随地展现。

地方文化作为中国传统文化的一部分，将地方特色文化作为美育内容也是传承中华传统文化。除了那些广为人知的优秀地方传统文化，还存在很多濒临失传的地方文化。通过高校课堂可以使更多人了解它，扩大地方文化的知名度，引起人们对于即将失传的优秀文化的关注。同时能够激发学生学习传统文化的兴趣，为地方传统文化的传承发掘人才。可见，在高校公共美育课程中加入地方传统文化的内容，对学生个人、高校美育和传统文化的发展都起到了促进作用。

（2）课外审美实践活动中对地方资源的利用

在课堂教学中，越直观的事物越能给人深刻印象，能够提高教学效果。美育作为培养学生审美能力的教育，直观性是其教学中遵循的基本特性。审美教育课程是重视学生审美体验的课程，学生只有在审美实践中才能真正感受美、欣赏美。因此，审美实践的内容在审美教育课程中至关重要，越直观的审美体验对学生产生的影响越大。

在高校公共美育课堂教学中，审美实践部分多是图片、音乐和视频欣赏，相比文字描述更加直观。但通过参观博物馆、游览名胜古迹等形式，身临其境地接触美的事物，比坐在课堂上观看图片更能给学生带来美的感受。许多高校所在城市拥有诸多名胜古迹、自然景观，高校公共美育课应该充分利用地方资源，开展课外实践活动。课堂教学中，学生仅能通过视觉和听觉来感受事物，而课外实践课程则能调动学生多种感官参与其中，提高学习效率。

名胜古迹拥有悠久的历史，浓厚的文化底蕴，学生不仅能够从中得到美的感受，还能够培养对于中华传统文化的热爱。在高校公共审美教育课程中有关自然美的内容，更应该通过课外活动来实现，这样才能达到最佳教学效果。例如，登山不仅能够使学生领略大自然的美，培养学生对于祖国大好河山的热爱，还能够培养学生坚忍的意志，锻炼学生强健的体魄，拉近师生之间的关系。除此之外，自然的美不只有在崇山峻岭中才能领略到，身边的一草一木都是大自然的一部分，用心感受都能体会到大自然的美。有些大学校园建校历史悠久，建筑风格具有时代特征、地域特征和文化底蕴，校园中植被种类繁多，花草茂盛，环境清幽，虫鸣鸟叫不绝于耳，无疑是美育最好的教材，学生在潜移默化中受到了美的熏陶。教师可以充分利用这些有利资源，带领学生游览校园或布置拍摄"我眼中的美丽校园"的课后作业，启发学生关注身边美的事物，提高学生的审美意识和审美需求。

教师进行课外教学时需要注意的问题：首先，课外审美活动花费时间较长，需要教师进行合理安排。平常课堂教学一般按学时计算，每周课程大概2课时。如果增加课外实践课程，在路程和游览上花费大量时间，整个课程就不能按正常的教学课时计算。因此，审美实践活动课程可以作为审美教育课程的一部分，将其安排在周末，避免影响其他课程教学。尽量选择距离学校较近的文化和自然景观，可以为实践活动节省时间和精力。其次，课外审美实践活动可以与班级活动课程相结合。课外审美实践活动丰富了审美教育课程的内容和教学方法，给学生带来更加直观的审美体验。它不仅是一次审美教育课程，也可作为一次班级活动课程，兼具审美和班级活动的双重功能，能够在审美的同时增进师生之间的感情。如果高校附近文化资源和自然资源丰富，可以充分利用地缘优势，积极尝试开设审美实践活动课程。美育课外实践活动固然有诸多好处，但也需要学校领导的支持，教师精心的安排，更重要的是需要学生的配合才能真正实现。

3. 注重内容的综合性

（1）课程内容的空间综合

高校公共审美教育课程内容的综合性从空间的角度来说，可以理解为选择多种民族、多个地区的文化成果作为美育内容。现今世界各国文化、经济和政治之间交流频繁，网络的发达也使人们不断接触到来自世界各地的文化思想与内容。人们处于多元文化的背景下，已经是一个不争的事实。中国传统文化与多种文化相融合的过程中，一些文化在思想上与我国传统思想差异较大，在缺少正确引导的情况下，一方面，由于对本国或他国文化片面的认识和了解，人们会对本民族传统文化全盘否定，对国外文化狂热推崇，或是出现相反的情况；另一方面，大量没有经过筛选的文化内容涌入，不利于人们对文化的有效吸收。网络扩大了我们的视野，为我们提供了大量来自世界各地的文化产物。这些文化内容数量庞杂，良莠不齐，人们要想快速有效地对文化进行加工，就要进行文化内容的选择和组织。

大学是学生进入社会的预备阶段，在上大学之前，学生处于父母和学校严密的保护下，紧张的学习任务使得学生没有足够的时间接触外面的世界。学生从高考这种高压环境中突然进入大学轻松自由的环境里，多种文化思想如潮水般冲击着学生固有的观念，使学生措手不及，从而对传统文化和其他民族文化产生错误的认知。大学作为文化传播与生产的重要场所，有必要对大学生进行正确引导。美育包括自然、社会、艺术、科技等内容，文化产物是美育的主要内容，美育在引导学生形成客观的文化观上有其他学科不具备的优势。美育要充分发挥这一优势，使学生客观理性地对待传统文化和外国文化。因此，在美育内容的选择与设置上，既要传承中国传统文化，又要适当兼顾其他国家和民族的不同文化。在加深大学生对于传统文化了解的同时，还要让学生认识不同民族的文化，从而形成全面客观的文化观念。

在对中国传统文化和其他民族文化进行选择时，需要注意以下几个问题：

第一，在对外国文化进行选择时，要选择与中国传统文化有较大差异的主流文化。选择差异较大的文化，可以与我国传统文化形成鲜明的对比，使学生拥有完全不同的视野。选择主流文化的原因是，首先，各民族文化多是在一种或几种文明影响下形成和发展的，因此有些民族之间的文化有相似之处，选择有代表性的民族文化即可。其次，主流文化在世界上占据主导地位，作为社会亚洲地区的文化与中国传统文化大多都相辅相成，考虑到有相近之处，可以选择欧美文化作为大学美育的融合内容。让学生接触不同的文化内容，使学生拥有不同的文化视野。

第二，在选择中国传统文化内容时，应注重文化内容的时代性与新颖性。传统并不是指"旧"和"古老"，中国传统文化并不是只存在于几百年前的作品中。现今文化亦是由"传统"发展而来，在当代文化产物中都可以看到"传统"的影子。一个民族的文化通过不断发展变化才能保证其生命和活力，中国传统文化亦如此。美育在让学生了解中国传统文化的同时，也要让他们认识到现今中国在多元文化背景下自身的文化形态，以及在传统与现代碰撞中人们作出的尝试。同时，选择具有时代性的文化产物贴近学生的生活，能够引起学生的学习兴趣。

第三，在进行中外文化思想比较时，要注意阐述的客观性。首先，教师要避免将自己主观的想法强加给学生，学生要通过自身的判断形成自己的观点，这有助于学生自我意识和判断力的提高。其次，指出双方文化在相互碰撞交融中，受到来自彼此的影响所产生的变化。本土文化对外来文化进行吸收和借鉴时并不是照抄照搬，而是将其同化形成具有本土色彩的文化产物。学生在了解中国传统文化的同时，要学会尊重不同民族的文化，看到各民族文化之间的相互融合，从而形成正确的多元文化理念。

（2）课程内容的学科综合

高校公共审美教育课程内容的学科综合性是指美育内容由不同学科领域的知识组合而成。首先，美育内容可以是不同形态美的综合。美育内容是从美的事物中进行选择，美的形态包括自然美、社会美、艺术美和科技美，美育内容可以从以上不同领域进行选择。审美教育课程内容的设置可以是以上四种美的内容组合，也可以是只选择一种或几种的组合。高校在进行美育内容设置时无须面面俱到，都有所涉及可能会使各部分内容都不深入，因此选择一种美的形态内容作为主导性内容，将另外几种形态美的内容融入其中。这样的课程逻辑性强，课程结构清晰。

根据教师自身的专业情况和学校情况有所侧重地选择审美教育课程内容，从一个角度入手，其他各种形态美为辅。例如，以社会美为中心进行课程内容的设置，将艺术美、自然美和科技美的内容融入其中。社会美中涉及自身形象美和生活美，形象美包括服饰设计和搭配等，生活美包括室内装潢和家居用品设计等，这些内容都与艺术相关，可以将艺术美的内容渗透到社会美中。社会美中有关于生活环境和休闲娱乐的部分，生活环境也包括自然环境，如林中木屋、海滨别墅、草原的蒙古包等，人生活在大自然中，社会美也涉及自然美的内容。现代科学技术发展迅猛，科技产品在生活中无处不在，给我们带来了诸多便利，已经成为人们日常生活中必不可少的一部分，因此社会美中也可以融入科技美的内容。这些内容都与现代生活息息相关，更能引起学生共鸣，加深学生对于各种美的感受。

工程类、政法类、医学、师范等非综合性高校中的教师大多从事一个领域的教学和研究，可以根据教师自身情况选择他们擅长的专业作为美育内容。审美教育课程成为专业课程体系中的一部分，既可以提高专业课程的趣味性，增加学生对本专业学习的兴趣，又可以使学生从美学角度加深对于本专业的了解。这种模式的不足在于会削弱课程内容的丰富性。美育与各专业相结合的模式，会使课程中心不好把握，过于注重专业教学会阻碍美育目标的实现。这就需要教师对美育目标有准确的认识，使专业知识与美学知识相互协调。

高校公共审美教育课程在现实情况下受到师资和教学资源的影响，可能无法实现多个领域内容的综合。当今高校开设的审美教育课程，多是特定艺术形式的鉴赏类课程，这些课程趣味性强，受到广大学生的喜爱，如影视鉴赏、绘画鉴赏、音乐鉴赏等课程。在课程内容类型上略显单调，但可以从风格、年代和流派等方面增加其多样性，使学生获得较为全面的审美感受。

（3）课程内容的时间综合

高校公共审美教育课程内容的选择要兼顾时代性与经典性。大学生是大众文化的主要受众群体，也是走在时代前沿的一代，他们追赶时尚并创造时尚。高校公共审美教育课程内容要想引起大学生的兴趣，必然选择具有时代特性的美的事物。选择具有时代特性的审美对象。首先，可以从社会生活中进行选择。现今流行的服装款式、家居用品设计、学习用品设计等，生活中的方方面面都有艺术的痕迹。这些事物与学生的生活密切相关，能够引起学生的兴趣。流行的事物并不都是美的事物，美育教学可以引导学生理性地对待潮流。其次，可以从艺术领域进行选择。艺术来源于生活，是现实生活的升华。选择现今艺术作品，不仅使学生了解现今艺术发展的情况，还能够体会作品背后反映的社会现实。

除了选择具有时代特征的内容外，还要选择经典性的美育内容。首先，与瞬息万变的时代潮流产物不同，经典是经受了时间考验，是被各个时代、各个阶层的人认可的美的事物。这些美的事物经久不衰，给人带来最震撼的审美体验。其次，教育需要在有限的时间内，传授学生最有价值的知识，美育亦如此。人类自诞生起就开始了探寻美的道路，留下了众多作品。高校公共美育需要在其中选择精华，才能达到预期的教育目的。

4. 将美学理论与审美实践相结合

（1）课堂教学中的理论与实践相结合

在现今的高校公共美育教材和教学中，美学理论大多与审美实践相分离。教材中涉及美学理论的知识大多在前两章，审美实践内容分布在课程的后半部分。学生学习时，由于前面的知识早已学过，在审美实践活动中已经无法将美学理论知识与审美实践活动相结合，不利于将美学理论应用于审美实践。除此之外，在课堂教学中，审美实践活动很少与美学理论知识相结合，多是对作品的作者、创作背景、风格和意义等方面的讨论，学生无法理解为何将其称为美，无法达到真正的审美效果。在以后的审美活动中，学生只能凭借主观感受进行审美，无法进行理性的审美判断，因此，在审美实践中有必要与美学理论相结合。

首先，在开展真正审美实践活动之前，先对何为美进行初步认识。通过对美的本质、形态、特征和范畴的学习，学生对"美"有基本的认识才能真正开始审美实践。在学习这些理论的同时，也要结合审美实践进行，使枯燥乏味的理论知识更容易被理解和记忆，并通过审美来验证理论的真实性。需要指出的是，基本的美的理论并不只是出现在课程的开始，它还应伴随课程的全过程，教师要有意识地将其与之后的审美实践活动相融合，加深学生对于理论的理解与运用。

其次，在审美实践活动中进行美学理论的讲解。例如对一棵松树进行欣赏的同时，引出一个美学中有关审美对象的理论：面对同一个审美对象，所持有的态度不同就会有不一样的结果。朱光潜曾举例，木商、植物学家和画家三人同时看一棵古松，他们看待树产生的想法会完全不同，木商会从使用的角度考虑如何使用它，植物学家会想到松树的植物特性与类属，而画家会以审美的角度欣赏它。在学生欣赏松树的同时，教师通过这种方式讲授相应的美学理论知识，使学生进一步了解何为审美。除此之外，松树可以给人带来苍劲有力、坚强不屈的感受。如何解释这种对于审美对象拟人化的感受，可以通过里普斯的"移情作用"说明这一现象。

（2）课堂教学外的理论与实践相结合

除了要加强课堂教学中美学理论与审美实践相结合外，还要通过课外教学的方式进一步实现理论与实践相结合。课堂教学中的审美实践虽然与文字论述相比较为直观，但也不是与审美对象的直接接触，大多是通过多媒体进行呈现。学生可以通过参观画展、看话剧、看电影、欣赏音乐会等方式产生更加直观的感受。课堂教学环境本身不利于审美活动的展开，而置身于画展、音乐厅、剧院等环境中，感受特有的艺术氛围，人自然会用审美角度去体会，这能给学生带来更好的审美体验。教师带领学生走出校园去参观是一种方式，另一种方式是将高校公共审美教育课程与高校现有艺术资源相结合。开设艺术专业或设立艺术团的高校，应充分利用现有的艺术资源。将高校公共审美教育课程与艺术团或艺术学院举办的活动相结合，为学生创造直接接触艺术作品的机会。

第二节　高校公共美育课程遵循的原则

一、目标性原则

课程内容是为实现课程目标而存在的，课程内容要依据课程目标来选择。因此，有必要先对高校公共审美教育课程的目标进行分析和梳理，以便选择适宜作为高校公共审美教育课程的内容。高校公共审美教育课程目标是根据高校公共美育目的制定的，是高校公共美育目的的具体化。高校公共审美教育课程的目标在于向学生传授基本的美学与美育知识，提高学生的审美能力，学生树立正确的审美观，实现感性世界与理性世界的和谐，最终实现人格的完善。同时要结合学科优势和地方教育资源优势，丰富教学内容和形式，强调传统文化的传承。高校公共审美教育课程内容的选择必然围绕这一目标进行。

二、美学为基础的原则

各种教育都有自己要实现的教育目标，当各方面教育目标都达成时，才能真正促进学生的全面发展。美育目标的实现，也是全面发展的重要组成部分。美育自身所应具备的目标是提高学生发现美、感受美、鉴赏美、创造美的能力，使学生的感性世界得以发展。美学理论知识的学习对学生树立正确的审美观、审美能力的提高和感性世界的发展起到了重要作用。首先，美学基础知识的学习，对人的审美活动具有指导意义。从认识论和学习心理的角度来看，只有在理解事物是什么的前提下，才能对事物产生进一步认识。因此，只有在清楚地知道了什么是美，什么事物才算是美，美的事物有哪些等前提下，才能使学生形成正确的审美观。美学常识的缺乏会导致审美偏差，造成以丑为美、以怪为美的错误审美观。日常生活中，我们经常会看到奇装异服、发型怪异的人。这就是审美观念出现了偏差，没有形成正确的审美观。其次，对美的本质有所了解有助于学生自身审美观的形成。美学所研究的对象是美、审美对象、审美主体，以及审美主体与审美对象的关系。其中美学对美的探讨由来已久，美的本质一直是美学研究的主要课题。但决定事物是否是美的，往往是审美主体的感受。因此，对什么是美这一概念目前尚无准确的定义。

虽然对美的概念至今仍无定论，而且可能永远也没有统一的说法，但是从古至今学者们对于美的认识都有其正确性，了解这些不同的观点可以让学生从不同的角度认识美，最终形成自己对美的认识。最后，美学源于哲学，是哲学的一个分支。美学是从理论的高度，对美、美感和艺术进行思辨的研究。

因此，经过美学理论的学习，我们在实践中可以从批判的角度看待问题。

美学知识的学习有助于人发现美、鉴赏美和创造美的能力的发展。首先，对美的形态的认识，有助于提高人发现美的能力。美学的基础知识包括对美的形态的认识。美的形态包括自然美、艺术美、社会美和科技美等，对这些美的形态的了解，可以使人对美的事物的范围有更加清晰的认识，拓宽人对美的事物范围的界定。可以说美存在于各个方面，它无处不在。对于美的这种认识，有助于人们发现生活中美好的事物，提高人发现美的能力。其次，美学理论的学习，有助于提高对美的鉴赏能力。在鉴赏美的互动中，不仅包括对美的欣赏，还要对其进行品鉴，也就是对其进行批判，进而形成自己对事物美的认识。美学理论是对美的事物所存在的美的规律研究，它是评判事物是否为美的标准。美学理论可以为批判提供理论依据和专业语汇，提高人鉴赏美的能力。最后，美学理论的学习有助于创造美的能力的发展。人的生活就是不断创造，科技的创造、知识的创造、文化的创造，正是创造使社会不断进步。人不仅按照美的规律来创造事物，还按照美的规律不断创造自己，学习塑造自身的形象美和内在美，不断地完善自己。美学理论的学习，有助于人们对美的规律的把握，提高人创造美的能力。

美学理论的学习可以使人格更加完善。在诸多美学理论中，移情说占据重要地位。移情是审美过程中的一种审美现象，是审美对象与审美主体间的交互作用，是在审美活动中使审美主体对审美对象产生的一种拟人化感受。人际交往中经常会出现类似的现象，这种现象被称为同理心。同理心是人最基本的道德体现，也是完善的人格所不可缺少的部分。人在面对他人时通过换位思考，加深对他人行为的理解和同情，从而使人产生有助于他人的想法和行为。人通过美学理论的学习，在潜移默化中对于美学理论的运用，就起到了丰富人的情感，发展人的感性世界的作用，从而有助于道德修养的提高和人格的完善。

三、理论与实践相结合原则

教育是一种教师的教与学生的学相结合的实践活动，强调其在实施中的实践意义。在课堂教学中多将学习分为两种，一种是理论知识的学习，一种是实践活动的实施。这两种学习的主体都是学生，但教师在其中所占的地位不同。在理论知识的学习中，教师占主导地位，学生多是吸取的状态。

在实践过程中，教师只起辅助作用，当学生困惑和犯错时给予指导。学生是实践活动的主体，通过自己的练习和感受巩固已学的理论知识。这是学习必不可少的一部分，因为只通过教师的讲授无法达到良好的教学效果，只有通过实践活动才能实现对新知识的理解与巩固。理论知识的学习与实践活动的开展之间并不是单一的指向性关系，而是一种循环状态，理论知识是实践活动开展的基础，同时实践活动是对理论的进一步验证，通过实践得到的结论可以进一步丰富理论知识，这是一个循环往复的过程。因此，在课堂教学中理论知识和实践活动二者缺一不可。

美育又称为审美教育，目的是培养人的审美能力，促进情感世界的发展。审美实践是审美教育课程中最重要的一部分。感受美、发现美、鉴赏美和创造美的能力培养，都需要通过对大量美的事物的欣赏才能实现。审美实践活动主要包括对事物的鉴赏和审美创造，审美鉴赏要求欣赏者对审美对象不仅要欣赏还要作出评判，审美创造则需要人们发挥创造力，在已有经验的基础上萌生新的想法或创造新的事物。对事物的鉴赏和创造都需要建立在一定的理论基础之上。理论是对事物产生和发展规律的总结，只有掌握了事物为美的标准，才能对其进行审美判断。同时，审美实践也是对理论知识进一步的验证，通过实践能够加深学生对于理论知识的理解。在组织美育内容时要考虑到理论与实践相结合，在以往的美育教材中往往将美育理论和实践部分，分别设置不同的章节进行教授。学生先进行理论学习，再进行实践训练，这种将理论与实践相分割的内容组织形式扰乱了边学边练的基本学习节奏，导致学生不能灵活掌握和运用理论知识，实践活动也无法取得应有的效果，使得教学质量大打折扣。

四、艺术是主体的原则

美育主要是通过审美的活动来培养学生的审美能力。在艺术诸多特性中，审美是艺术的根本属性。艺术是人的审美需求发展到一定阶段的产物，与其他文化形式相比，只有艺术是根源于人的审美。艺术的审美价值是其所特有的，是其他任何文化产物都无法比拟的。艺术是遵循美的规律创造的产物。

艺术是美的产物，其必定具有审美的特性，也是满足人们审美需求的最好选择。艺术本身就具备美的特征，对艺术的欣赏就是审美的过程。虽然审美的途径多种多样，但艺术欣赏是审美的主要形式。艺术欣赏的对象是艺术作品，是由艺术家创作而来。艺术品是美的物化形态，是美的集中体现，是美的结晶。对艺术品的欣赏、创作等一系列艺术实践活动，是提高审美能力的最直接方式。

艺术是抒发情感、丰富感性世界的最好形式。艺术的本质就是个人幻想的感性显现，是个人欲望、情感的变相满足，是自我被压抑的各种能量和欲望的升华，是人类的一种自我实现的方式。我们之所以说任何人都是艺术家，就是因为任何人都有自己的幻想白日梦。高校学生经历了长期的理性思维的训练，一切活动都是为了在高考中取得好成绩。在枯燥反复的学习中，教学与学习的方式都有固定模式。学生的思维被禁锢，理性思维占据主导地位。除此之外，高考需要学生付出很大的精力，在学习中，很少有时间娱乐放松，压抑的情感无法得到释放。这种情况下，学生进入高校后，往往会出现过度放纵或持续紧张的状况，高校需要对其进行适当的引导。高校学习环境放松，学生自由学习的时间较多，学校需要培养学生一些健康的兴趣，避免学生沉迷于低级趣味的事物。艺术知识的学习和艺术作品的鉴赏，有助于学生开阔视野，也有助于学生树立正确的审美观，培养健康的兴趣爱好。

五、结合地域文化特色和优势学科原则

在进行课程内容选择时还要考虑到各个学校不同的情况。高等教育与其他教育阶段相比，具有更强的自主性。学校可以根据自身专业特点和地域特点进行课程建设。选择学校所处地域具有特色的文化，充分发挥地缘优势。地方特色文化资源丰富，发展成熟。例如北京的京剧、四川的川剧、陕西的剪纸等，

都是地方具有特色的文化形式。这些文化在地方上历史悠久，资源丰富，艺人众多，为教学提供了便利。这些具有艺术特色的传统文化，应该作为高校公共审美教育课程内容的一部分，促进高校公共美育的发展。

高校也要根据自身优势学科选择审美教育课程内容，充分利用师资、教学设备等优势资源。审美教育课程本身就综合性较强，高校可以将自己的优势学科与美育相结合，设置跨学科的审美教育课程。既有学校特色，又与学生专业课程相联系，使学生发现本专业领域的美，提高对所学专业的兴趣。在非综合性高校尤其如此，学校设置的专业大多是一个门类，如政法大学、财经大学、医学院等高校，更有必要结合学校自身学科优势有针对性地设置审美教育课程。

美育作为教育的一部分，应承担教育文化传承和传播的使命。地方高校应充分利用所处地区的特色文化资源，推动传统文化的传承和传播。除了以上提到的广为人知的地方传统文化，还有很多濒临失传的优秀传统文化，这些文化亟待挽救。高校具备传承和传播文化的功能，应充分利用这一优势，推动地方传统文化的发展。美育与其他教育形式相比，在传统文化传承上更具优势。传统文化多是艺术形式的文化成果，艺术是审美教育课程的主要内容，在美育中占有主要地位。道德教育、智力开发教育和体育分别是针对人的智能、道德和身体的教育，与专门进行审美教育的美育相比，传统文化在其中只能充当附属品。因此，高校公共美育具备传承和传播传统文化的优势，并应将传统文化作为其内容的一部分。

六、课程内容的综合性原则

美育本身具有综合性的学科性质，是美学、教育学、心理学、社会学、人类学等多个学科相交叉的学科，有利于课程综合化的实现。高校公共审美教育课程作为面向全校学生开设的公共基础性课程，在高校公共审美教育课程内容的选择上应该更加综合化，高校公共审美教育课程内容的综合性主要体现在以下几方面：第一，时间的综合。首先，高校肩负着创新知识的使命，只有对教授的知识进行随时更新，使学生了解最新动态，把握文化发展趋势，才能更好地进行知识的创新。高校教育同时是为学生进入社会的准备工作，要选择当今最新的内容，避免教授内容与社会实际相脱节，造成大学生无法适应社会生活。

其次，高校公共审美教育课程内容如果过于陈旧，会使美育与现实生活相脱节，无法激起学生的兴趣，也不能引起学生的共鸣。选择具有时代性的美育内容，有助于学生将学到的知识与实践相联系，提高教学效果。最后，人类历史上创造了灿烂的文化成果，高校肩负着文化传承的使命。由于人类诞生至今留下的文化成果数量庞大，学校需要在其中选择最有价值的、经典的文化作为课程内容。学生的时间和精力都有限，因此高校要有选择性地传授学生人类文明中的精华。第二，空间的综合。现今世界各国交流频繁，教育处在多元文化的背景下。高校公共审美教育课程内容不应该只限于中国文化的传播，也要涉及对其他国家文化的了解。这样可以开拓学生的视野，加强对于各国、各民族文化的理解，培养学生拥有国际化视野。第三，学科的综合。首先，美育与相关学科知识相综合，如美学、教育学、心理学和社会学等学科知识的综合。其次，美育与其他学科相综合。跨学科审美教育课程的设置，有助于学生学习的迁移和不同知识之间的贯通，以及学生从多个角度认识所学知识。第四，艺术理论知识的综合。艺术作为美育的主要内容，在学习过程中，应综合美学、艺术史、艺术批评等知识。

七、主体性和主导性原则

教育教学的目标是促进学生的发展，学生是教学的主体。高校在课程内容选择上要考虑到学生的特点，有针对性地进行教学。首先，要了解学生现有的知识水平。对高校学生现实的审美状态有初步的了解，以便选择适合学生需要的审美教学内容，有针对性地实施教学。其次，选择符合学生兴趣特点的内容。兴趣是最好的老师，在课堂教学中选择符合学生兴趣的内容，可以激发学生的参与性，从而提高课堂教学效果。

教师在课堂教学中起主导作用，在课程内容选择时应考虑教师自身的特点。根据教师自身的专业特点，选择教师所擅长的领域作为课程内容。高校中大多数教师对特定专业领域进行深入研究，根据教师的专业特点选择课程内容，教师更容易把握课堂教学，提高教学效果。

第三节　高校公共美育课程发展建议

一、优化美育课程教学内容

（一）深化审美教育理论研究

1. 深化审美教育理论研究，适应社会发展的需要

审美教育活动的有效运行，必须适应社会发展需要。社会的推动，即社会实践对审美教育提出的要求，始终是审美教育有效运行、取得效应的前提。审美教育必须依据社会实践的要求进行，并把这种要求转化为自觉活动。就我国现实而言，社会主义现代化建设的伟大实践，社会主义物质文明精神文明建设的伟大实践，要求审美教育为培养全面发展的人服务。为社会培育全面的人才，正是审美教育的社会目标和方向。同时，审美教育的实施不仅是对学生进行审美教育，而且是教师、学生以及参与审美教育各环节确保其有效运行的组织力量共同进行审美的提升，以及审美创造能力的培养。这也是社会对于审美教育的需求。这种势头不能超越学校审美教育与活动的承受范围以及承受能力。确保审美教育活动在自主的学校教育范围内有效实行，成为审美教育研究的推动力和调节力。

2. 深化审美教育理论研究，以教育整体依托

作为高校教育的一个子系统，高校审美教育与其他教育必须紧密结合，形成一个完整的系统，并且确保审美教育在这个系统中能够与共同目标相融合。从整个教育体系的有效运行来看，把握审美教育是整个系统活跃不可或缺的一部分。首先，审美教育依赖于其他教育活动，在其他学校教育实施活动过程中不断提升学生的审美价值、道德理论实践性、行为能力、智力发展、逻辑思维方式、知识结构和审美素养。通过审美教育，学生的情感净化以及审美情感得到升华。审美教育为体育和劳育提供一种精神支撑和意志力，作为这两种教育顺利开展的精神支撑和动力支持。其次，运动技巧和运动操作技能也为审美教

育提供感性的条件，不仅有助于学生审美素养的提高，还能为审美创造力培养奠定基础。

高校公共审美教育不仅需要适应社会需求，需要整个教育系统和学校教育的支持，还需要一些自身的审美运行机制进行调节。因此，笔者重点强调审美教育的有效运行内在机制，主要包括审美教育的施教者，高校审美教育的受教者——学生，施教者——教师以及审美媒介——教学过程。其中，受教者，也就是学生处于课堂教学的主体，在审美教育过程中处于主体地位。因此，学生只有积极地进行自我调节，以配合审美教育的实施，才能确保审美教育达到最佳效果。教师的主要工作就是在教学过程中调节学生与课堂之间的关系，确保学生在课堂教学过程中以及其他课堂实施过程中，能够感受审美价值和审美素养对于自身发展的重要性。这就要求教师必须了解学生的审美需求和审美能力，减少学生与课堂教学内容之间因不协调而产生的矛盾。教师还需要在教学过程中选择的教育目的和教学方法能够适应有审美能力的学生需求，才能实现因材施教，确保学生在学校教育过程中通过审美媒介积累审美经验，提高审美能力。

审美受教者也必须了解审美教育目的，审美施教的要求，以及审美媒介的性质，根据自己的审美需要和审美能力，通过关照和操作去感受、领悟审美媒介的审美价值，唤起审美经验，以落实和实现审美教育目标。卓有成效的审美施教，始终应当考虑审美教育者个性化差异，考虑审美媒介的多样化，以及由此而造成的审美教育情境的多角度变化，因此应该根据实际情况，不断采取灵活形式，调节审美教育系统活动，使之有效运行。

（二）加强审美教育课程体系建设

1.科学定位审美教育课程目标

学校审美教育课程建设要以艺术课程为主体，各学科相互渗透融合，重视审美教育基础知识学习，增强课程综合性，加强实践活动环节。要以审美和人文素养培养为核心，以创新能力培育为重点，科学定位学校审美教育课程目标。

普通高中审美教育课程要满足学生不同艺术爱好和特长发展的需要，体现课程的多样性和可选择性，丰富学生的审美体验，开阔学生的人文视野。特殊教育学校审美教育课程要根据学生身心发展水平和特点，培养学生的兴趣和特长，注重潜能发展，将艺术技能与职业技能培养有机结合，为学生融入社会、创业就业和健康快乐生活奠定基础。职业院校审美教育课程要强化艺术实践，注重与专业课程的有机结合，培养具有审美修养的高素质技术技能人才。普通高校公共审美教育课程要依托本校相关学科优势和当地教育资源优势，拓展教育教学内容和形式，引导学生完善人格修养，强化学生的文化主体意识和文化创新意识，增强学生传承弘扬中华优秀文化艺术的责任感和使命感。

2. 完善审美教育课程建设

（1）美育理论课程

审美教育理论课程就是位于扇形底部的端点，是基础部分，主要解决"什么是美？""为什么审美？""如何审美？"三大问题，是提高大学生对美育理论和人文知识了解的普及课程。参考教育部推荐的国家重点教材，结合普通高校的专业特点和实践经验，主要开设以"美育与鉴赏"为主的理论课程，使之成为适合所有学生的必修课。

（2）美育鉴赏课程

美育鉴赏课程是扇形模块的支撑和拓展，是纯理论走向具体的审美途径。主要开设"音乐鉴赏""书画鉴赏""影视鉴赏""服饰艺术""戏剧鉴赏""五位一体"的课程，作为第一课堂的延伸，学生可根据自己的兴趣爱好，有针对性地选修一门或两门。

（3）美育实践课程

美育实践方面的课程是课程体系的最终目标和重要环节，是课堂教学的有效延伸。这个实践范畴包括艺术课程本身的实践内容，比如参观书画展览、聆听音乐会、观看艺术展演等；同时还应该涉及第二课堂、第三课堂，利用校园文化和社会实践等各种载体，结合大学生专业学科背景进行实践活动，比如举办专业知识竞赛、文艺汇演、书画摄影比赛、演讲比赛、三下乡实践等活动，借助学校团学组织的力量，利用青年节、妇女节、教师节、母亲节、重阳节等节日契机，或者不同时期不同主题的党建活动、团日活动为载体，进行全面全程全方位的渗透，让学生在理论的基础上进一步体会、深化和运用美育元素，达到润物无声的教育效果。

3. 深化学校美育教学改革

建立以提高学校美育教育教学质量为导向的管理制度和工作机制。按照国家规定的不同学段审美教育课程设置方案、课程标准以及内容要求，切实强化美育育人目标，根据社会文化发展新变化及时更新教学内容。开发利用当地的民族民间美育资源，搭建开放的美育平台，拓展教育空间。开展多种形式的国际交流与合作，各级各类学校应根据自身条件和特点积极参与中外人文交流。依托现有资源，加强学校美育实践基地建设，取得一批美育综合改革的重要成果，发挥辐射带动作用，推动学校美育的整体发展。

4. 加强美育的渗透与融合

将美育贯串学校教育的全过程，渗透在各个学科中。加强美育与道德教育、智力开发教育、体育相融合，与各学科教学和社会实践活动相结合。挖掘不同学科所蕴含的丰富美育资源，充分发挥语文、历史等人文学科的美育功能，深入挖掘数学、物理等自然学科中的美育价值。大力开展以美育为主题的跨学科教育教学和课外校外实践活动，将相关学科的美育内容有机整合，发挥各学科教师的优势，围绕美育目标，形成课堂教学、课外活动、校园文化的育人合力。

二、创新美育课程教学模式

（一）构建多元化的审美教育课程模式

1. 优化审美教育课程模式

高等院校的美育类课程应该形成一个综合、系统、有序的课程体系。优化审美教育课程设置是切实提高美育教学效果的重要保障。通识审美教育课程要改变传统的教育模式，构建多元化的课程体系。

首先，在课程形式和课程安排上，通识审美教育课程在设置上应采用公共必修课和公共选修课相结合的方式，既能保证全体学生都修习审美教育课程，同时又让学生根据自己的兴趣爱好和审美需求进行自主选择。课程安排主要是指各门课程开设的具体课时、学分和年级等方面的设计与规定。在开设时间的安排上，可以针对不同年级的特点开设不同类型的通识审美教育课程。面向大一、大二学生主要开设基础性、导向性必修课，面向已经习得与美育相关的基本观念、知识和能力的大三、大四学生主要开设能够满足不同层次需求的通识审美教育课程。在通识审美教育课程体系中尝试将美育与其他看似不相关的学科有机结合，将美育与生物、数学、机械等专业联系起来，将美育与哲学、法学、历史等学科联系起来，发挥各自的专长及优势，让每一位受教育者从创新的美育中获得全新的感受。通过多元化的通识审美教育课程体系的培养，让每一位大学生都具有良好的审美情趣和高尚的道德情操。

其次，在教育方法上，通识审美教育课程在教育中要坚持理论与实践相结合。以美成人的教育目标不仅让学生了解美的知识，还培养学生感知美、创造美的能力。传统的课堂只单纯地强调理论知识，忽视了学生的主观能动性，使美育没有达到预期的教育效果。通识审美教育课程开展具有实践性、自主性、创造性、趣味性等特征的活动课程，让学生在活动中切身体验到美，并形成创造美的能力。通识审美教育课程既要有知识的传授，也要有技能的培养，既要有审美观念的转变，也要有实践能力的锻炼。

最后，在美育教材方面，通识审美教育课程的教材需要符合当今国内高校的培养目标和大学生的实际需求。西方美育教育理论体系已经较为丰富和成熟，通过对西方的美育教育理论的分析与总结，客观地认识到西方美育的优点和不足，结合中国传统文化，从而形成中国特色的本土化理论。在教材内容的选择、组织和编写上既要重视实用性知识，又要保证实践经验的有效传授。美育教材在理论上应深入浅出，要将知识的实用性和可读性相结合，致力于帮助学生树立健康良好的审美观念，培养其发现美、感知美、创造美的能力。

2. 创新艺术人才培养模式

专业艺术院校要注重内涵建设，突出办学特色，专业设置应与学科建设、产业发展、社会需求、艺术前沿有机衔接。加强社会服务意识，强化实践育人，进一步完善协同育人的人才培养模式，增强人才培养与经济社会发展的契合度，为经济发展、文化繁荣培养高素质、多样化的艺术专门人才。遵循艺术人才成长规律，促进艺术教育与思想政治教育有机融合、专业课程教学与文化课程教学相辅相成，坚持德艺双馨，着力提升学生综合素养，培养造就具有丰厚文化底蕴、素质全面、专业扎实的艺术专门人才。

（二）推进美育教学团队建设

优良的师资队伍是保障教学正常、有序、有效进行的先决条件，也是美育教学团队建设最有力的保障和支撑。在以综合素质和能力培养为中心的通识美育的要求下，高校必须建设具有高素质的师资队伍以保障课程的顺利实施。要着眼于各个高校不同的情况，充分发挥各自的师资特色和优势，把专职和兼职相结合，把培养和引进相结合，把进修和培训相结合，努力打造一支结构合理、梯队明显、分工协作的优秀美育教学团队。

第一，以专职化、专业化为目标方向，努力确保美育师资队伍的数量和质量。

审美教育课程的教师要具有深厚、广博的美学知识与美育专业技能，树立审美化教育观念，通过现代教学手段来提高学生的学习积极性，通过教学方法的改进和教学内容的丰富来提高教学质量，通过教学和评价体系的完善来改善教学效果，结合现实条件，创造性地组织课内课外教学。

从高校开展正常的美育，再到深化美育，必须有一定的师资力量为条件。在师资队伍中，扩大专职美育师资，努力使美育教师具备专业背景、专业素质、专业水平、专业技能是重中之重。同时，也要考虑博采众长、互通有无，让校内不同专业学科的教师积极参与美育，在充分发挥自身专业优势的同时，加深对美育的了解。当然，还要积极打破学校间的壁垒和限制，利用高校园区、友好学校等各种形式到校外择聘掌握美育知识和具有美育实践经验的兼职教师。

第二，以自我培养、自我提高为主要途径，不断提高美育师资队伍的整体素质。

美育的实践需要深化，美育的知识也需要更新，这就要求美育师资队伍再学习、再提高。主要通过两种方式：一种是把本校的美育教师送出去进修培训，既可以是专题、短期的进修培训，也可以是较长时间的深造学习，使美育教师的教学理念及时更新、教学手段与时俱进。另一种是把美育方面的专家学者请进来授课讲学，使广大美育教师不出校门就能开阔视野、陶冶情操、增长知识。

审美教育课程的教师要加强自身的审美修养。教师要做先进生产力和先进文化发展的弘扬者和推动者，做青少年人健康成长的指导者和引路人，努力成为无愧于党和人民的灵魂工程师。当代高等教育要求教师具有较高的审美素质，全面发展的创新型人才要由具有强烈的审美情怀和育人情怀的教师来培养。目前，我国高校很大一部分教师的知识结构存在明显欠缺，自身的审美素养偏低。教师应提高自身的审美能力，全面地塑造自己。

审美教育课程的教师要不断提升自身外在行为修养。教师对学生的影响是深远的，大学时代是大学生各种品质特性成型的关键时期，教师的仪容仪表如穿着品位、生活风格等也会直接影响学生的审美追求。教师们需注重"言传身教"，向学生们传递审美的正能量。

第三，以理论联系实际为检验标准，定期考核评估审美教育师资队伍建设的成效。对审美教育教师主要有两方面要求：一个是要掌握丰富的审美教育理论和审美教育知识，有足够的资源传授给学生；另一个是要具有一定的审美教育实践经验，能够很好地开展审美欣赏实践训练。因此，看审美教育师资队伍建设成效如何，主要取决于培养了多少理论与实践相结合的审美教育教师。

三、整合美育课程考核机制

（一）创建适合美育发展的考核机制

1. 灵活学校审美教育考核模式

课程考核要避免单一的书面考试和简单的分数评价模式。可以采取撰写实践体会、课堂表演和作品赏析相结合的灵活考核模式。例如，目前国外不少高校开始采用情景评价来代替传统考试，对审美教育、艺术教育进行教学评价。情景评价作为代替教育考试评价的依据和标准并不是智力因素，它更侧重于学生的非智力因素。代替死板的知识技能考试模式，学生能够参与情景过程中，在这种模式下评价，体现自己的审美观点，突出学生的审美表现。教师依据在情景中的观察和公正的评价对学生进行考核，然后根据学生的表现提出学习的客观建议，确保学生下一阶段学习效果。我国普通高校公共审美教育的教学评价应当借鉴这种方法并进行必要的实践。

2. 调整审美教育的运行机制

构建以"全面育人"为目标的审美教育运行机制以及形成"全面育人"的审美教育目标，必须构建行之有效的高校公共审美教育运行机制。这不仅需要高校内部各级管理体制明确职责，合理分工，还要注意国家、地方和高校之间的相互联系、相互作用。建立科学有效的审美教育运行机制是当今国家培养全面发展人才的基础性工程。

首先，切实保障大学生审美教育制度的建设。党的十八届三中全会通过的《中共中央关于全面深化改革若干重大问题的决定》中明确提出要改进审美教育教学，提高学生审美和人文素养。国家不仅要在政策上支持审美教育的发展，还应在法律上保障高校公共审美教育在教育中的法律地位，建立健全教育方针中审美教育的相关法律内容。

其次，地方各级教育部门应积极及时地贯彻落实国家政策。中央政府站在全局角度作出的关于审美教育的部署，如果得不到地方各级教育部门的真正执行与落实，就不能发挥其作用，无法有效地促进审美教育的发展。地方各级教育部门要认真落实国家对审美教育的各项有关资金、政策方面的支持，推动重点项目合作、重大课题研究等，采取有力措施促进高校公共审美教育的发展和建设。地方各级教育部门更应因地制宜，通过灵活的方式推进审美教育政策的落实，高度重视和关注审美教育的发展。

最后，完善高校公共审美教育管理制度。审美教育是一项复杂的教育活动，高校的领导者和教育者必须充分认识到审美教育的重要性，各有关部门密切配合，齐抓共管，并加大舆论宣传力度，在全校范围内形成浓厚的审美教育气氛。和谐良好的校风、学风可以让学生在耳濡目染中树立正确的审美观念，提高审美认知力和审美能力，学会感知美、创造美，培养全面发展的社会主义接班人。同时加大对审美教育在物质方面的投入，充分考虑到审美教育实施中需要的教学场所、必要的器材和设施以及图书等经费的计划，确保教学的顺利展开。

（二）创建科学的审美教育协调机制

1. 探索建立学校审美教育评价制度

各地要开展高校艺术素质测评，抓好一批试点地区和试点学校，及时总结推广，发挥示范带动作用。实施学校审美教育工作自评制度，学校每学年要进行一次审美教育工作自评，自评工作实行教师负责制，纳入教师考核内容，并通过教育官方网站信息公开专栏向社会公示自评结果。制定符合高校艺术专业特点的教育教学评价标准。建立学校审美教育发展年度报告制度，各级教育部门每年要全面总结本地区各级各类学校审美教育工作，编制年度报告。教育部应委托第三方机构研究编制并发布全国学校审美教育发展年度报告。

2. 建立审美教育质量监测和督导制度

学校审美教育课程开课率已被列入教育现代化进程监测评价指标体系，各地要将其作为对学校评价、考核的重要指标。要在国家基础教育质量监测中，每三年组织一次学校审美教育质量监测。鼓励各地运用现代化手段对审美教育质量进行监测。各级教育督导部门要将审美教育纳入督导内容，定期开展专项督导工作。

3. 探索构建审美教育协同育人机制

以立德树人、崇德向善、审美教育人为导向，加强对家庭审美教育的引导，规范社会艺术考级市场，强化社会文化环境治理，宣传正确的审美教育理念，充分发挥家庭和社会的育人作用，转变艺术学习的技术化和功利化倾向，营造有利于青少年成长的健康向上的社会文化环境。建立学校、家庭、社会"三位一体"的审美教育协同育人机制，推进审美教育协同创新，探索建立教育与宣传、文化等部门及文艺团体的长效合作机制，建立推进学校审美教育工作的部门间协调机制。

（三）优化大学生的审美心理机制

1. 审美心理结构与智力结构、意志结构的关系

审美心理固然有自己的特殊规律和功能，但不经由人类整个文化心理结构的审美、艺术创造和欣赏都是不存在的。

人类的文化心理结构包括智力结构（真）、意志结构（善）和审美结构（美）。

第一，人类的文化心理结构就其机能形式而言具有某种持续性、稳定性、共同性，但就其活动的经验内容而言，却又是历史的、具体的，这就决定了它们绝不是静止的、僵死的图表，而是随着不同时代的发展而不断变化，普遍的结构形式总是和不断发展的社会内容联系在一起。就审美心理结构而言，艺术作品之所以具有永恒的魅力，现代人之所以能欣赏古典艺术作品，各民族之所以能欣赏其他民族作品，就是由于人类的审美心理结构形式具有普遍性、共同性。

由于人类审美心理结构的内容是具体的、历史的，不同历史时代、不同民族所感受到的社会内容和情调又是不相同的。人们在欣赏李煜的"流水落花春去也，天上人间"的词句时，对人世沧桑的无常多变发出无可奈何的感慨，包含着人生普遍的感叹。李煜词中表现的是一个亡国之君的感受，但却打动了一般人而引起回应，这就是审美的普遍性和共同性。然而，这种普遍的共同感受，又始终渗透着一定时代、一定民族、一定阶层的审美意识。李煜的人生感叹，终究带有帝王的情调、色彩，与广大人民群众的人生感叹仍然是有区别的。

第二，"真"的智力结构包括知识、科学、技术；"善"的意志结构包括思想、信念、道德；"美"的审美结构包括情感、审美、艺术。它们作为人类心理的普遍形式，落实在个体心理上，构成创造性的心理机能，是既相互联系又存在矛盾的网状动态结构。智力结构可走向自由直观，科学由形式美可以渗透对宇宙普遍形式的沉思和把握，科技中可以渗透人世间的诗情美意，充满着人文精神。人类可以通过直觉、美感等非逻辑思维的引导发现真理，这就是"以美启真"。意志结构与感性的人类相连，而且是可以将经验和情感渗透到美感中，走向自由意志。在这种转化过程中还将审美感性冲动的盲目性，转化为理性的自由自觉的融合。再通过道德的他律逐渐演化为道德的自律，也就从自由的意志转变为超道德的本体，这被称之为"以美储善"。

审美结构可走向自由享受（亦即审美自由）。这里审美心理结构起着中介、桥梁或高层次的沟通作用，联结着智力结构和意志结构，使三者之间不是对抗和分裂，而是相互作用和彼此渗透，从而形成人类完整的文化心理结构和个体的完整人性。有了这种创造性的心理机能，人类才能有高超的全面素质和非凡的创造才能，在改造客观世界中才能自由地生存。

2. 提高审美能力应从培养人的全面素质着手

如何才能提高人的审美心理能力？由于审美心理结构与智力结构、意志结构联系在一起，提高审美心理能力不能只从它本身着手，还应从培养人的全面素质着手，比如经验素质、知识素质、思想素质、道德素质、审美素质、艺术素质等。

从培养提高审美或艺术素质来看，最主要的是学习美学知识和艺术理论，参加审美或艺术活动，特别是艺术欣赏活动。在艺术欣赏中引导大众主要欣赏优秀的艺术作品。歌德曾说的审美能力的培养不是靠欣赏中等作品，而是靠欣赏最好的作品。这并不排斥欣赏通俗的艺术作品。"阳春白雪"和"下里巴人"各为不同层次的欣赏者所喜欢，甚至"下里巴人"的通俗音乐在一定时期、一定范围更易于接受和流行，拥有更多听众。但艺术作品审美价值的高低，不能单纯以一定时期欣赏者的多少来决定。艺术品的通俗固然可降低审美接受的难度，但往往容易导致审美感受的弱化或浅层化；而艺术品的高雅，可能会增加接受的难度，但可以强化和深化审美感受，更有利于审美心理能力的培养和提高。引导大众看影视，首先要欣赏经典作品和主题鲜明、反映时代精神的影视作品，但对于一些通俗影片也不能排斥。例如，好莱坞有些影片虽然没有重大社会意义，但它们让人跟着艺术人物一起高兴、欢乐、悲伤、紧张，它们把离奇古怪的故事情节、有血有肉的人物形象、喜怒哀乐的生活情景组织得很好，很协调，很有情理，引人入胜，使人产生审美感受。人的心灵是非常丰富和复杂的，它需要各方面的文化营养才能培养起来，而层次高低不同的艺术就起着这种作用。

3. 审美实践是塑造审美心理的唯一途径

第一，人要成为审美的主体，需要在长期的审美实践活动中培育自身的审美能力。审美能力是以审美心理为核心的全面审美素质，包括进步的审美理想、健康的审美趣味、完善的审美情感以及审美体悟、审美构造的能力等。审美主体的塑造，不仅包括把人培育成为审美的人，即马克思所说的"创造着具有人的本质的全部丰富性的人，创造着具有深刻的感受力的丰富的、全面的人"，还包括把人的生活提高到审美水平。人不只是在艺术活动中才创造美和欣赏美，美和艺术应成为人的日常生活的本质，人日常的生活方式、交往方式、工作方式等都能向审美升华，使日常生活超越那种粗陋的实际需要而变得艺术化和诗意，即真正的人的生活。

第二，人必须通过审美的实践活动，使自己周围的世界成为审美的世界。这就是说马克思所说的"自然的人化"或"人化的自然"的问题。这里，既指人用自己的力量把一部分自然改变成"为我"的自然，让自然为人提供物质和精神享受，同时也指人把整个世界变成自己的审美对象。这样，整个围绕人的世界，包括社会和自然，就不再是人的异己世界，或者与人分离的、敌对的世界，而是与人亲近的属于人的、审美的世界。

第三，人必须使自身与整个世界在实践活动中建立起审美的关系，这是一种相互尊重、和睦友好的关系。

审美是完美人性的闪光，是爱心的流露。美感其实就是一种爱感。没有对审美对象的爱，就没有对审美对象的欣赏。

4. 塑造审美心理应适应当代的审美要求

（1）适应当代科学技术的发展

随着科技的发展和现代生产的进步，一些崭新的设备，媒介、手段方式和载体出现在我们的生活中，为我们的审美心理能力的开辟提供了技术支持和设备保障。尤其是伴随着信息网络化、数字化、智能化、全球化进程的高度发展，人们可以不进图书馆、博物馆、展览厅和课堂，在电脑上就可观看世界各国的艺术珍品，了解各国的政治、思想、伦理、科技以及时代风云种种信息，那些不能到现场的观众也可以看到艺术家的精彩表演，艺术作品的媒介也获得勃勃生机和崭新的文本，使科技与人文的结合有了新的表现。多媒体可以合成各种动听的音乐、好看的动画，创造稀奇古怪的小说，为电影逼真地再现现实世界的各个方面，在虚拟的画面中呈现原始恐龙和始祖鸟以及各种难以想象的艺术形象，使人们在五彩缤纷的艺术世界提高自己的审美心理能力。可以肯定，当代人的审美心理要应对现代化，面对世界和未来，否则就难以提高和发展。

（2）适应当代的快节奏和高速度

在当代高科技发展的进程中，社会生产、生活、工作的节奏和速度都在加快，审美心理必须与之相适应。为什么现代人都喜欢蹦迪，看西方电影？因为那强烈的快节奏和广阔的时空感，使人感到和现代生活节奏合拍，看着刺激。为什么当代许多青年人不爱看古老的地方戏？这除了他们本身的素质外，还因为戏曲的节奏太慢，感到和所处的时代不协调。当然，这与青年人的年龄与活跃的心情有关，但这毕竟反映出当代对审美心理要求的一种趋势。当代的快节奏和高速度还要求人们不但能欣赏和谐的、优美的东西，还能欣赏不和谐的美。现代艺术往往以不和谐、扭曲变形的形式为主，使人首先感到丑、不舒服、不愉快，但又从这种不舒服、不愉快中得到一种审美愉悦。

（3）适应人自然化的倾向

现代人从人类对自然的无限索取的惨痛教训中，深深认识到要保护大自然，维护大自然的生态平衡，要把大自然作为人类生存可持续发展的栖身之地，作为人安居乐业、修身养性的美好环境。随着工业化与城市化进程的加快，人们生活在车水马龙和钢筋水泥的建筑环境中，与大自然隔绝，同时越来越向往回归大自然，更加把自然景物作为欣赏娱乐的对象，寄情山水，乐于观景，喜好旅游，渴望森林、海滨、河流、山川、自然保护区，去亲眼观赏大自然的美丽景色，沐浴在大自然的清新环境中，投入大自然的绿色怀抱中。这就要求人们的审美心理与大自然相适应，在人自然化中，提高人们对大自然的审美心理能力。

（4）具有较强的审美欣赏能力

随着改革开放的不断深入以及人们审美能力的提高，各种艺术流派开始大显身手，但其中既有鲜花又有杂草，甚至还出现了种种"丑恶的艺术行为"。对于青年人而言，更要提高艺术欣赏水平，增强自身免疫力。

第五章 高校美育中学生审美素养的培育

第一节　高校学生审美能力的培养

一、审美感受力的培养

（一）审美感受力的结构

审美感受力是审美知觉、想象、感觉等多种能力因素的综合。每一种审美感受的因素在审美感受力的感知结构中都发挥着特殊作用。对审美感受的整体活动而言，它们是有机存在于统一的审美感受过程中的，而不是孤立存在的。

1. 审美感觉力

对客观的美的事物的个别属性，人们通过感觉器官予以把握的能力即审美感觉力。手、舌头、鼻子、耳朵、眼睛等都属于人的感觉器官，对美的不同属性的反应产生了触觉、味觉、听觉、视觉等不同的审美感受能力。在把握不同的审美事物时，审美感觉具有更为持久和愉悦的特征。

2. 审美想象力

审美想象力是一种在知觉基础上由情感推动而展开的更深层的感受活动能力。它是主体感觉到的材料在心理经验和情感的糅合渗透中，产生了一些新的感觉和体验，从而促成心理想象的尽情畅游。所以，审美想象力属于审美感受的高级能力。审美想象力按其内容的特性，又可分为再造性想象力和创造性想象力两种。再造性想象力以头脑中重现客观事物占优势；创造性想象力则以主体调动经验积累，对不同的审美因素材料重新组合排列，创造出原来并不存在的美的形象占优势。审美想象力的创造性程序标志着审美感受力的积极能动程度，必须经过长期培养才能达到相当的水平。

3. 审美领悟力

审美领悟力是指渗透在审美感知觉和想象过程中的一种直觉性理解能力。一朵菊花、一弯月亮，人们往往在对它们的形状、色彩、空间位置和其他属性、条件感知的同时，也激发起内心构造性的综合性想象，从而对菊花、月亮产生某种形式和内容的理解，这就是审美领悟。在审美领悟中，对形式美的高度感觉和对内在意蕴的独特发现是统一的。特别是在感受艺术作品时，对审美主体领悟能力的要求还要高些。例如，欣赏毕加索的立体画，不但要直觉到画面的形式、构图，而且要穿过构图形式达到某种意义的领悟。只有当一个人具备高度的审美领悟能力时，才能说他的审美感受力是全面而深刻的。

（二）审美感受力培养的方法

1. 通过自然美的化育培养审美感受力

审美感受力的培育与提高，多来源于对大自然审美观照与体验的经验积累。大自然是最好的美育教师。每当我们投入大自然的怀抱，眼望满山翠绿、云海雾涛，眼睛会格外明亮起来，我们对一切色彩格外敏感，对大自然鬼斧神工般的美感慨不已。自然美的熏陶，可使人的视觉、听觉，甚至包括味觉、触觉更加敏感。历史上许多伟大的艺术家、科学家，如李白、杜甫、徐霞客、普希金、罗蒙诺索夫、达尔文等，无不对大自然的美酷爱异常。特别是在童年、青少年时期，大自然所产生的美感化育效果更为强烈持久。因此，无论学校、家庭还是社会，作为审美教育的主体，都应该努力创造机会来引导受育对象去观察、欣赏美的自然现象，培养和提高他们的审美感受、审美想象等感受能力。

2. 通过生活美、现实美的化育培养审美感受力

生活美、现实美是围绕人的劳动和生活所展开的灿烂多姿的美。人生活在社会中就必然会感受到生活美和现实美。但能否真正自觉地去感觉和把握健康向上的生活美，在不同的人身上却很难说。一般来说，凡是思想健康、热爱生活、热爱劳动的人就能感受到生活中的美，并受到感染，使自己的情感得到陶冶和升华。

生活美、现实美的表现领域十分宽广，从优美宜人的社会环境，到造型绝妙、风姿万千的生活产品；从高尚纯洁的品德情操，到惊心动魄、气壮山河的民族

精神、英勇行为，无不渗透并表现着生活美和现实美。生活美、现实美是生活和现实中那些表现出进步的理想和崇高的精神力量的人与事。古人云："近朱者赤，近墨者黑。"经常感受美的人和事，自然会提高符合社会理想与价值需求的审美能力。因此，对生活美的感受可以促进审美感知、审美想象、审美领悟等各种能力的提高。一般来说，生活美具有鲜明的社会性、时代性。但由于现实生活本身是美丑并存的，对于缺乏健康的审美意识、审美情操和审美能力的人来说，就不一定能够辨别清楚。因此，通过生活美、现实美教育人、提高人，对高校审美教育来说是一项非常艰巨的任务。

3. 通过艺术美的化育培养审美感受力

艺术美是自然美、现实美的集中和典型化。通过文学、音乐、美术、戏剧等艺术形态的美的化育，可以培养对美更为深刻的感受能力。由于艺术美是人的观念、精神的创造性体现，比之自然美、现实美，在感受方式上更直接、更含蓄、更深刻。无论是对感受对象其他因素（品德、情操、兴趣等）了解得是多是少，都很难把这个人抛开来且上升到某种普遍的、本质的意义领悟上来。但在艺术品的感受中却可以做到，通过诗歌中对大自然风光的描写，欣赏者可越过语词层面领略其内在的神韵，并与自己想象中的山山水水相融合，唤起对最美山水风光的赞美。

艺术教育对审美感受力的培养还突出表现在它以自身的形式、结构等，唤起接受者对艺术感性形式的敏感和热情上。看齐白石的画，会对那虚实相应的构图、趣味无尽的笔墨本身产生强烈的向往；听小提琴独奏，会为那优美而富有情绪感染力的旋律与音质所迷醉。这时，对艺术形式的审美感受就成为审美主体强烈的精神需求。

二、审美想象能力的培养

审美想象力是一种自由把握和创造新形式的能力。想象是形象的，也是自由的，它可以思接千载、视通万里，不受现实的制约，不受时间和空间的限制，这种超出现实、跨越时空的审美想象，对激活人的创造潜力有不可低估的重要作用。审美活动从来就不是消极的接受，而是一种积极的创造，因为每一次审美欣赏都会使人产生各种各样的联想和想象，都会有意外的惊喜和新的发现。

这种带有主观色彩的审美欣赏，表现为对作品形象的补充或再创造，每个人的经验、印象、修养和积累的知识不同，再创造的形式、手段与风格亦不相同，这就为发掘、补充和丰富作品的深刻内涵增色添香。因此，在审美教育过程中注重想象力的培养具有特殊意义。

（一）积累审美经验信息

在教学中，我们可以让接受审美教育者多参与艺术活动，在艺术活动中积累审美经验，从而促进想象力的提高。艺术是为了引起欣赏者的共鸣，有共鸣则有联想，有联想则有想象的翱翔，有想象的翱翔则能扩大境界。共鸣和联想需要"材料"。人脑储存的审美信息越多，人的记忆库中审美表象就越多，人所积累的经验越多，人发挥出想象力的可能性就越大。这个道理很容易理解，如果大脑空空如也、一贫如洗，想象活动就缺少了基本原材料（当然，潜意识也是想象产生的某种材料）。大脑中记忆的表象越多，表象越具有不稳定性，其分解与重组的方式就多，产生新意象的机会也就越多。因此，积累丰富的艺术经验，多方面参与各种审美活动，以主动态度深入细致地关注生活、关注社会和关注自然，充分体味人生情趣，这些都对加强审美想象力有益。

同时，我们还须注意到，各种门类的艺术审美活动所提供的经验信息激发出的审美想象力又具有不同的形态特点。例如，聆听音乐和观赏绘画，以及阅读文学作品，这三种艺术欣赏活动虽然都可以获得美的享受，但其想象活动却有区别。绘画由于用颜料、线条等描绘出有形之象，刺激人的视觉，促使审美信息进入大脑，因此观赏绘画时人的想象力同眼前的画作总有密切的关系，由此形成生动的联想而进入画中境界。中国宋代画家郭熙提出画中的山水景致要让人感觉到"可望、可行、可游、可居之所"，这种原本"不可"之事，却由画面引发为可能之感，依靠的就是观画者的想象力。

我们欣赏音乐时，对象已经不是视觉可以捕捉的有形之象，而是音响信息刺激，由于此时无"形"可把握，因而想象力更为活跃。音乐听众一般分为两类：一类听众有较丰富的音乐审美经验积累和对音乐技巧法则的理解。相应地，这类人在听乐曲时，想象力在纵深方向加强对作品内涵的深刻品位，他们的想象丰富但不至于与乐曲游离过远。另一类人并不具备必要的审美音乐经验和训练，他们往往根据自己的直观感受展开海阔天空般的想象，故而想象可谓无所拘束，甚至漫无边际，虽然也产生情绪上的快乐，深度却往往不够。

语言文字构成的文学作品，在欣赏时既无绘画那般直接感性的视觉形象，也无音乐那种直接感性的听觉感受。文学作品直接呈现的只是一系列的语言符号代码，读者须调动自己对语符的认识体会，调动相应的生活经验，再加上与语符相联系的情感体验展开想象。因此，欣赏文学作品时的想象活动有种"转化"机制，须将语符转化为具体的感性材料和感性经验。在想象过程中，语符并不消失，但同时注入了生动的与其相应的感性材料，相伴共生为文学形象与人生经验。这构成了文学作品审美想象力的基本特征。

（二）激发审美情感体验

想象力创造性得以实现的深层动因是人的情感活动。人如果没有进入某种特定的情感状态，那么现实的对象就难以满足他的需求。例如，一支钢笔就是钢笔本身，一本诗集仅是诗集本身，但是，如果这支钢笔相伴你多年，你对它已经有了感情，从而称它为"朋友"；那本诗集经你阅读后，发现里面的诗歌特别能传达你的心声，于是你称这本诗集为"知音"。严格地说，视笔为朋友，呼诗集为知音，这当中已发生了微妙的想象因素。究其原因，当你与笔、诗集产生了特殊感情时，就已经不满足于笔和诗集的客观实际存在，你觉得那笔和诗集的存在不足以承负你对它们的情感，于是你超越这实在对象而作出想象，即称它们为"朋友""知音"，不如此则难以了却那份情缘。有学者将想象中情感的这种动力作用称为"凝聚—转移—凝聚"的双重周期作用。事实上，生活经验告诉我们，情感丰富的人通常想象力也丰富。通过审美教育激发培养感情进而培养想象力，是提高审美想象力的重要途径。

在审美教育过程中，想象力与情感培育实为"双向"培育。想象力与情感互相激励，情感的浓烈与丰富，本身会激发人的想象力，因而主体情感勃发之际，也就是主体对眼前客观存在感到失望之际。在审美活动中，这种失望与不满足使主体在精神上超越眼前的实在而进入想象境界。我国古代美学家早就揭示出这一奥秘。刘勰在《文心雕龙·神思》中，把情感和想象的关系，概括为"神与物游"。艺术主体的思想情感始终伴随着想象，审美想象中有强烈的情感活动。

当审美主体的情感在胸中激荡时，这种情感就像东风一样把想象的风帆鼓动起来，文思如泉涌，情感在艺术创作中就成了一个能量加油站。在审美想象中，当一种情感产生后，它可以以激情、冲动、心境等状态形成一种巨大的冲击力，带动众多记忆表象，使想象具有大量生活原材料而显得丰富活跃。当审美想象的内容复杂或者受阻而需要能量补充时，情感又能调动思维的、意志的动力来协作，以克服审美想象遇到的困难，从而使活动顺利进行。

此外，审美想象力的充分活跃，反过来又容易激发人的情感。想象之所以成为审美创造的强大动力，还在于想象过程中能不断激发情感能量，保持和推进审美过程中需要的那种后续力量。这和审美教育活动中主体具有的反馈机制有关，审美想象所唤起的经验材料十分丰富，包括意识的和潜意识的，既有知觉记忆表象，更有情感体验表象。它们即使审美主体有身临其境的感受，又往往使主体产生新的情感体验，将它们作为动力不断增强创造力。

（三）训练理性类比能力

审美想象力虽然表面上直接呈现为感性情感能力，但要想通过审美教育增强这种能力，则不能不提到影响该能力的深层次的理性因素。所谓"深层次的理性因素"是指人脑具有的理智的"通过类比进行思维"的能力。理性类比，可以视为某种逻辑能力。在类比想象过程中，心理所把握的是至少两个对象之间的某种相似模式，这种对"相似性"或"类似性"的高度敏感，是想象力的一个重要因素。当鲁迅在小说《故乡》中说"希望本无所谓有，无所谓无"时，接下来的句子是"这正如地上的路，其实地上本没有路，走的人多了，也便成了路"。一般来说，"路"与"希望"难有直观类似之处，但在艺术家想象力活跃之际，却创造性地于希望与路的"有"和"无"之间找到了类似性。这里显然有理性的抽象类比。这是提醒人们，想象力提高有一条理性的途径，并非只是感性唯一途。多学习科学知识，多在哲理层面上做理性思考，厘清事物之间的分类关系，同时又不拘泥于此分类而看出相互间的可类比性和类似性，则有益于审美想象力的提高。其实，艺术与审美活动中频频出现的比喻、隐喻、象征、移情等，莫不与类似性的联想相关。

在审美教育过程中重视理性类比能力培育的问题，无论在审美教育理论中还是在实践中常常被忽略。笔者认为，审美想象力培育正是将审美活动中深层次的理性因素和直接呈现的感性因素融为一体的最典型过程。事实上，在张扬理性启蒙基础上兴起的欧洲 18 世纪浪漫主义文艺思潮一直将理性精神和情感想象称为审美的内在驱动力。艺术的想象驱使艺术创作主体去试图用美的理想取代那不足的真实。

三、审美情感的培养

（一）审美情感的产生

人的情感是一种内容异常丰富而又错综复杂的心理现象，是心灵中的不确定的模糊隐约部分。由于对它难以做定量的把握，人们往往视之为玄奥神秘，尤其是在艺术审美这一宽广的领域，更是高深莫测，难以言传。

当人类从原始动物界超拔出来而进入文明社会以后，人的情感就带上了社会文明的烙印而成为人们独具自由的本质力量。从此，人的情感活动就不同于一般动物的情绪活动，它积淀着社会的、伦理的、文化的、艺术的内容。一方面，它是自然的、感性的；另一方面，它是社会的、理性的，是自然性与社会性的统一，感性与理性的统一。

审美创作活动是一个"创造—作品—审美"的双向运动过程。情感在审美创作过程中，在物化的审美作品中，在审美接受过程中，起到不同的作用。在审美创作活动中，情感是审美创作主体创作的动力。审美创作主体在进入创作之前，广泛深入地体验生活，在他们"印象的仓库"里积满了生活素材，但这时并不能直接转入创作。只有审美创作主体心灵对这些素材进行汲取、选择、酝酿、提炼、升华并长久地放在心中玩味，建立起亲密的关系以后，才有可能在一次偶然的机会中，深深地触动灵魂，产生第一次灵感，形成强烈的创作欲望，从而变成审美创作主体心中的一股激情、一团火焰，使内心平静的湖面动荡不定，骚动不安。似大海波涛，汹涌澎湃。心灵的不平静终究要归于和谐，于是，审美创作主体进入了创作过程。在这里，若没有情感的波动，就不会有审美的创造。审美创作主体的创作过程本质上是审美创作主体审美情感的物化过程。审美创作主体在进入创作实践后，仍要不断地进行情感体验，并将这种体验凝结在审美形象中，情感是作品的核心，是作品的生命，缺乏情感的作品是枯燥苍白，犹如脱离了人体的手毫无血色。在审美作品中，情感的色调越丰富，形象或意象就越生动；情感的天地越广阔，形象或意象就越鲜明。

（二）审美情感形成的途径

审美情感的形成主要通过两条途径，一是日常情感的升华，二是审美经验中审美情感的积淀，但根本来源是日常情感的升华。日常情感的升华是指在日常生活中否定性情感和肯定性情感的积淀、升华。否定性情感是对日常生活中否定性生活产生的一种情感，经过时间的酝酿和对产生否定性情绪的困境的克服，这种否定性情感逐渐升华成一种审美情感，积淀在人们的大脑中，就像一棵大树随着时间的流逝逐渐长大，成熟丰富，其审美性日益突出。在日常情感中的肯定性情绪，是伴随着人们的肯定性生活体验而产生的，其中一部分就是审美情感，另一部分肯定性情感，其性质接近于审美情感，但不是纯粹的审美情感，它带有很多自然情绪在其中，一旦它积累在人们的大脑中，就逐渐纯化为一种纯粹的审美情感。审美体验中审美情感的积累，主要是指审美作品欣赏和创作中审美情感的积累。由于欣赏审美作品是二度体验，审美作品引发的基本上是一种肯定性的审美情感，这种审美情感经过二度体验，积累在人们的头脑中，成为下一次审美体验的基础。

自然美的欣赏是一种远离了人类欲望的高级审美活动，人们从对自然美的体验中所激发出的审美情感往往发自潜意识的深处。艺术作品的审美体验有两种类型：一种是共鸣性的体验，另一种是投射性的体验。共鸣性的体验，是由于作品所描述的生活和读者的生活有相同或相似之处，读者在欣赏艺术作品时形成的一种感情共鸣的情感体验。这种体验所产生的审美情感，读者和作者是类似的，这种体验能够真切理解作品的意义，可以比较完整、准确地诠释作品的真谛。投射性的体验，是由于作者所描写的生活和读者的生活有部分相似之处，读者在欣赏作品时，把自己的情感投射到艺术作品中，从而形成一种不同于作者的新的情感体验。这两种类型的情感体验所产生的审美情感和日常情感的升华，是后天审美情感形成的主要方式。

四、审美鉴赏能力的培养

审美鉴赏力是一种重要的审美能力。与其他审美能力相比，审美鉴赏力具有更强的积极主动性，并且渗入思维过程的理性因素更明确。这表明对审美鉴赏力的培养也相应地更细腻和复杂。因而从本质上讲，对人的审美鉴赏力进行审美教育，就不单单是对某一项个别能力的审美教育，也是对人自身人格的审美教育，即当自身在鉴赏某对象或客体世界进入审美鉴赏活动或行为时，实现了对自身人格境界的观照和审美。

（一）审美鉴赏力的性质

1. 审美鉴赏力是一种审美认知能力

所谓审美认知，是指审美主体依据其审美观念、审美经验从审美对象的形象、形式等感性特征入手形成的对美的认识与理解。它与一般认知活动的根本区别在于不是为了把握概念而舍弃对象的现象，或者将抽象的概念与感性的对象相统一进行分析解释，是在有审美意识与审美理解的作用下，根据对象所呈现的外观、形式等对对象的美与丑进行判断。因此，一方面，审美认知是感觉的"理论化"，是主体经验水平的"整体提升"。这样，相对于形态万千、奥秘无穷的美，审美主体可以通过丰富具体的"鉴赏"凸显对美的认知和体验。另一方面，美的世界的丰富多彩，刺激和完善对美的"鉴赏"，使审美的理解水平进入更高层次。

2. 审美鉴赏力是一种审美享受能力

所谓审美享受，是指能使精神获得自由、超脱的愉悦状态。当审美主体在鉴赏审美对象时，他的感知、情感、想象、理解等诸多心理因素被调动起来，协调作用于美的对象的内容与形式，从中获得十分畅快、愉悦的精神感受，这就是一种审美享受。如果说，审美鉴赏的作用在于通过对美的理解形成肯定、否定的审美价值评判，那么，审美欣赏则是伴随着审美理解在心理上同时出现或悲或泣、或忧或喜的情感体验。

审美鉴赏所获得的情感享受主要来自两种类型的审美体验。人们对优美的对象所感到的是一种单纯、平静、和谐的心理状态，不夹杂痛楚和恐惧，如对美丽的花朵、宁静的月夜、无私的友谊、纯洁的爱情和亲子之爱等所产生的心理享受。自然美、现实美和艺术美的对象特质尽管并不仅限于优美、崇高两种，如因渗透了对象的悖谬而产生幽默的、讽刺般的笑，也是一种独特的审美享受。这种审美享受由审美主体理性的顿悟而引发，所以一般也是单纯、平静而轻松的。而艺术美的特殊类型——悲剧，所激发的审美享受是接近于崇高类型的。审美主体通过这些不同质的对象，使生命深处的东西在鉴赏时得到某种释放或净化，从而精神上感到莫大的愉悦和自由。

3. 审美鉴赏力是一种审美再创造能力

审美鉴赏不是一般性的感受、理解和享受，它要自己创造出点什么，来实现一种"纯审美境界"。例如，游览泰山，从攀登十八盘的艰难，到登上南天门、逛游天街的逍遥，再到泰山极顶的观望日出、夕阳，会有许多新鲜而真切的感受。同时，当游览者沉醉于眼前之美景时，他们自然会将这类感受及由此而激发的联想、想象融入对生活、对人生的深切感悟。这正像人们所感叹的"黄山归来不看山""不登峨眉山，不识天下秀"等情形一样，审美的体验、感悟必然超越眼前审美的域限而进入新的审美经验的构筑，这时心中展现的泰山是如画如梦从未见过的。这即是审美鉴赏中创造能力的体现。

（二）审美鉴赏能力的培养

1. 积累文化和艺术知识

有史以来，一些伟大的艺术鉴赏家和社会、文化活动家，无不具备渊博的文化、艺术知识。马克思、恩格斯对西方从古希腊神话、史诗、悲剧到其后两千年左右的艺术发展史十分熟悉，因此，他们能够对大量的艺术作品发表深刻的见解。鲁迅、郭沫若都学贯中西，他们对各种各样的艺术品的鉴赏，至今仍对我们产生深远影响。

2. 丰富的审美实践活动

审美实践对鉴赏能力的培养无疑是十分重要的，但这种实践应该是全面的、丰富的、生动的，而不应该是单一的、静止的、没有生命的。因为美的鉴赏，就是人生的展开和生命的解放。审美实践活动的全面，正映现了"生命与美同在"这一真理。全面丰富的审美实践，包括人生可以触及的一切可能的领域。杜威便提倡把美感经验普泛化到日常经验方面。现在的审美教育似乎对此重视不够，大多数人认为除了艺术教育，审美教育就无法实施。其实，只要"寓教于乐""寓美于象""寓意于境"，就对审美鉴赏力的提高有实质性帮助。因此，突破狭隘的纯艺术经验的限域，全面、完善地培养审美鉴赏力，都可使人不仅懂得美，而且懂得生活，懂得怎样鉴赏生活和创造生活。

3. 品味优秀艺术作品

如果说丰富全面的审美实践是审美鉴赏力获得全面发展的"突破口"，那么能否很好地鉴赏优秀的艺术作品，则是衡量审美鉴赏力是否获得根本提高的最重要尺度。因为艺术品是对自然美、现实美的集中表现，是审美创作主体审美意识、审美经验获得创造性反应的结晶。优秀的艺术作品凝聚了一个时代、一个民族审美经验的精华。所以，鉴赏优秀的艺术作品，可以把人们对美和艺术的理解、认知、体验水平真实地反映出来。而对美和艺术不懂或懂得甚少的人，是无法鉴赏优秀艺术作品的。现在，审美教育工作还未能做到科学合理地深入学校教育中。比如，有的学校在针对不同年龄段的学生选择适合他们阅读的艺术作品时，往往不能做到科学合理。因此，教师必须加强对优秀艺术品的审美教育示范作用，加强对高校学生的审美鉴赏力的化育，使高校学生的素质得到提升。

第二节　高校学生审美人格的培养

一、审美人格的内涵

（一）人格

1. 人格的定义

人格的词源是拉丁文的 Persona，其本义是指面具。将面具释义为人格，有两层含义：一是指面具的虚假行为及状态，二是指面具下的未外露的个人特质。我国古代汉语词汇中并没有"人格"一词，只有"人性""品性""品行""品格"等词。因此，有学者认为，"人格"一词是由日文引介过来的，源于对英文"personality"的意译。也有学者认为，"人格"一词是"人"与"格"二字的合成词，是汉语词汇，并不是外来词汇，主要包含三层意思：一是人的综合性格、气质等特征；二是特指一个人的道德品质；三是一个人作为主体的权利和义务。

2. 人格的特征

除了从概念上认识人格，我们还可以从特征对其进行辨识，以全面把握人格的内涵与外延。人格的特征，可以从它与气质、性格与个性等语词的异与同来分析。

（1）气质是人格的基础，是人格生物遗传特征的具体体现

气质是西方人格心理学研究的重要领域。从心理学的视角来看，气质是人的心理特征的外在表现，具体指的是一个人在认识、情感、语言、行动中所体现出来的心理活动的强度、速度、灵活性与指向性等，也就是说，一个人的情感体验是快，是慢，是强，是弱，是明显还是含蓄，是迟钝还是灵敏等。每个人的个体气质不同，这是由先天决定的，是个体的神经系统活动特征影响的。具体来说，气质就是在遗传生物基础上反映出的人格倾向和特点，在人格构成中属于情绪方面，在人格发展中具有基础性作用，体现了人格的生物性特征。需要指出的是，气质本身并没有优劣之分，对人的社会倾向性不起决定性作用，在社会道德评价上不具有指向性。一个人的气质类型不会决定他将会成长为哪种人。气质和人格不一样，气质是人格发展的先天性基础，体现的是人格的生物学特点；而在人格的形成过程中，气质和体质仅仅属于先天禀赋，在人格构成中不起决定作用，起决定性作用的是社会环境、文化教育，以及一个人具体的社会化过程。

（2）性格是人格社会性特征的表现，是人格的重要组成部分

《现代汉语词典》将"性格"一词解释为对人、对事的态度和行为方式上表现出来的心理特点，如英勇、刚强、粗暴、懦弱等，而对人格的解释为个体的道德品质以及人能作为权利、义务主体的资格。在现代心理学看来，性格指的是个体对现实的稳定反应和一贯的行为方式中可以概括出的个体心理特点，属于人格特点里和社会关系最密切的一部分，是个体道德品质的外在表现之一，

也是个体世界观、人生观和价值观的外在表现。性格由后天社会环境塑造，是存在优劣之分的，它是个体道德风貌的具体表现，主要体现在个体对人、对事的态度和所采取的言行上。"性格"一词包含着社会道德评价的意味，是人格的核心部分，最能体现人格的社会性特征。

（3）个性是指人格的独特性一面，是具体呈现个体人格差异的组成部分

个性是指个体区别于他人的、相对稳定的、影响个体外显和内隐行为模式的心理特征的总和。个性更多地着眼于人的独特性，并决定个体在思想及行为上的差异性。而人格是个体心理行为模式的一个整体状态，是一种整合模式，强调个性与共性、确定性与可塑性的统一，不仅包括独特性的一面，更多地从个体社会性的角度进行定义。两者不完全等同，却相互交织，共同影响着个体的行为模式。

（二）审美人格

1. 审美人格的含义

审美人格是美学意义上的人格，单纯从字面意义上很难阐述和理解，所以笔者将从中西哲学的角度去探讨审美人格的含义。

（1）追求美的人生境界

人生境界是人在现实世界中对未来世界的自由创造，它也是审美人格的重要衍生物，是景与情、心与境的有机统一。审美人格境界的塑造是通达社会共有理想彼岸的桥梁，无论何人，一旦进入崭新的精神天地，不仅可以成为君子、贤人、圣人，社会也在个人境界的修炼完善中随之大同，"人"与"天"便由此达到一种完美无缺的和谐统一。同时，这种情境的有机统一表现在接受效果上，又是有限与无限的统一。其中，有限的是景和物，无限的是情、思、想象和韵味。在这种无限的情思和想象中，生成的是包含无限韵味的意蕴，从而具有比日常生活中的普通型审美或感官型审美更有内涵、更耐人回味、更具审美价值的所在。孟子的万物皆备于我，宋明哲学的天地万物一体，朱光潜的主客统一等，都是从摆脱羁绊、人和天地万物同体等途径，获得人性的解放与自由。

（2）审美体验

对于审美体验，西方有人认为审美体验即"想象"，有人认为是"灵感"或"直觉"。高峰体验是具有审美人格的人可以实现的，是自我实现者的重要特征，这也是马斯洛执着于高峰体验研究的原因。此外，对于养成审美人格的人而言，高峰体验可以说是人的感性生成的重要手段和途径，也可以说是对自我实现的短暂完成。在这一刻，人会经历欣喜和幸福。但这之后，我们还是不得不面临现实，人有追求进步的天性，而我们最终要面对的就是自身，实实在在的"我"。一个人能够成为什么，必须成为什么，这是人不得不遵循的本性。高峰体验只是自我实现的短暂时刻，享受的是过程，而不是最后结果，我们要做的是不断进取和不断超越。

（3）美善统一

审美人格是实现美善统一的人格，也是美与善的良性实践互动的结果。具体来说，这种良性互动就是在善良的行为中孕育美，在美好的体验中创造和培养善，体现为"以善育美、借美立善"。这种双向关系是随着人们的审美活动和艺术的产生而产生的。而人们的审美活动和艺术又是在人们饱览自然景观、历史文物、艺术欣赏、日常生活、生产劳动和社会交往的过程中形成和发展起来的。一般来说，"以善育美、借美立善"主要是通过家庭美育教化、社会美育教化和学校美育教化三个方面来实现的。也可以用具有强烈感染力的艺术形象来教育人，让他们深化对生活的认识，树立美好的理想，为他们的思想品质、道德面貌和思想感情注入优良的营养，促使他们健康成长。这样不但能够帮助人们认识现实、认识历史，同时可以培养人们充分感受现实美和艺术美的能力，发展人们高尚的审美情感，进而培养人们的审美的比较与分析能力，激发他们对艺术的兴趣，养成他们爱美的情感，以鉴别真善美与假丑恶。美、善是审美人格必备的基本品质。真正的美是需要内涵的，其内涵即善。美是善的外观，善是美的根基、美的灵魂，二者相辅相成。审美人格作为人格的重要组成部分与最高形式，其特殊品质是形象反映主体，呈现美的境界，其内在核心就是尚"善"，表现"道德教化"。从根本上来说，审美人格是美善的集大成，其本质是人与自然的和谐、融合与统一。

2. 审美人格的特点

审美人格就是个体内在的、具有审美特征的且能够展现人的自由及完整性的本质，在个体社会化过程中能够使个体的性格、气质、能力、需要、动机等达到美的境界，表现出和谐、创新。审美人格特征应该是人与人、人与自然、人与社会、人与自我关系的心理动机与行为方式。具体来说，审美人格的目标是美，它的态度是开放性的、超越的，在处理和对象的关系时追求一种和谐，产生的结果是美，实现了按照美的规律来塑造的创造性行为。因此，通过以上分析，我们可以总结出审美人格的一些突出特征，即和谐性、独特性、创造性、超越性。

（1）和谐性

和谐是事物内部各要素之间既存在一定差异、矛盾、抵触，又具有协调共生、有序发展，共同推动事物不断前进的一种状态。和谐性在事物的性质、属性、内涵等方面表现为事物发展在理想状态下的协调，事物的各种矛盾要素之间处在一个和谐共生的状态，是在一定的客观规律下运行的。和谐人格的人是集感性与理性于一身，熔激情与理智于一炉的完整的人。这种人身上，既有情感的冲动，又有理性的导引；既有富于诗意的蓬勃生命，又充满着智慧的光辉精神。审美人格作为人格的最高状态，是以人的本真状态来呈现的，这同当今构建社会主义和谐社会的寓意是共通的，人性的和谐是社会和谐的最大前提，在社会中如果每个人追求真善美，摒弃假丑恶，和谐社会的构建自然顺理成章。

和谐在审美人格中占据重要地位，是审美人格的重要特性。在和谐性的审美人格中，各个人格要素彼此协调，理性不仅不阻碍非理性因素的发展，反而非理性因素促进理性的智识发展；非理性因素的有序共存，也促进了理性延伸出创造性和想象力。总之，和谐性审美人格中包括感觉敏锐、理性睿智、情感丰富等因素。具备这种审美人格的人，往往能够合理控制自己的感性与理性。当然，由于人的自然天性，具有和谐性审美人格的人也会出现情感冲动，但他会适时以理性进行引导。

（2）独特性

审美人格的独特性是指一个人区别于他人的人格上的特点。审美人格并非一个模式，多元差异的审美人格是世界的宝贵财富。人的全面发展过程就是人类解放的过程，也是个性解放的过程，人的发展与社会发展是相互作用、相互联系、相互影响的，从这个层面来说，人的个性发展也即社会的发展。独特性的审美人格，是一种具有与他人相区别的独特的精神特质。无论是宏观层面还是微观层面，审美人格兼具感性、理性和非理性等要素，只是各个要素的排列组合及分量有所差异罢了。有一点可以明确的是，不可复制性是审美人格独特性的重要表征。当然，审美人格的独特性并不意味着排斥或否定共性，而是在认同共性的基础之上强调个性特色。换言之，审美人格是在共性的基础之上必然具有个体差异性的独特性人格。因为，差异是人类的宝贵财富，个人只有在体现个性的时候，才能彰显其独立存在，体现无可替代的独立价值，社会也因此而充满意义。与前面所述的和谐性相对应，独特性与和谐性是相辅相成的，审美人格的和谐性是人的自然天性的共性规范，而独特性则是每个个体的特殊规定。

（3）创造性

创造性是人的本质的最高体现，是人的最高力量所在。创造性对于审美活动是核心精髓，无论是创作美还是欣赏美都需要创造。创造性在审美人格的诸多特点中占有核心地位，它的外在表征是对客观事物具有广泛的兴趣，善于组织语言，口头表达能力强，反应敏捷，逻辑思维缜密，幽默感强，记忆力强，工作效率高，具有独立思考的能力，拒绝盲从，擅长独立完成工作任务，充满自信，对宏观抽象问题感兴趣并善于研究，擅长社交，生活范围广，朋友多，有远大志向，为人坦率。生命在于创造，创造不仅体现在科学发明、艺术创作等活动中，也反映在普通和平凡的事情上。一个人的创造性可以随时随地表现出来，一个人会以源于自己性格本质的某种态度、精神来做任何一件事。一个人甚至像儿童一样富有创造性地观照世界。对具有审美人格的人来说就是在创造中追求自己的价值，始终保持自己在路上的一种状态，敢于打破常规，不循规蹈矩，永不满足，追求卓越，使个体有限的生命创造出无限的价值。

（4）超越性

审美人格的超越性指的是人具有超越一般意义的人与对象价值关系的能力。

审美人格的超越性可以使人冲破物质和利益的藩篱，不过分追求自身利益，看淡世间的一切荣和辱。这里的超越性是指不会唯功唯利是图，面对诱惑能够守住自身的底线，不会向利益低头，甘当做利益的驱使者。审美人格的超越性并不是指人脱离社会的群体，过着"桃花源"似的生活。审美人格的超越性主要是在人生追求上超越功利、生活方式上富有情趣、处世心态上乐观豁达。具体而言，对待功利问题上并非没有物质利益需求，而是不唯利是图，能够适当调整控制自己的情绪，除了追求物质利益，还寻求精神价值。

审美人格的和谐性、独特性、自由性、创造性、超越性等特征形塑的终极意义在于追求理想或完美的人格。完美的人应该是自由的人，人只有在自由的基础上才能够追求自己，用美的眼光看待周围的人和事。一个人游戏的时候自身的美才是最真实的体现，是个人内心的自我展示，更是人格的最高追求，即审美人格。

二、大学生审美人格的培养

（一）大学生审美人格培养的原则

1.愉悦性原则

审美教育是使人欢乐的一种教育。正如孔子所言，"知之者不如好之者，好之者不如乐之者"。人们在情绪高涨的时刻最易接受知识。审美教育的愉悦性原则，不仅能给人带来乐趣和益处，也给人以智慧上的启迪。毫无疑问地说，美不仅能给人以感官愉悦之体验，也可培养人们的生活情趣。审美愉悦的来源不仅取决于审美对象的优劣，也在于他人给予自己的赏识与肯定。因此，受教者能以一种喜悦之心情参与审美，接受审美教育，自然是审美教育的最佳表现。审美人格教育的愉悦性强调教育过程中对受教育者的吸引力，使之保持浓厚的兴趣，这种趣味性就源自对个性差异的尊重。在审美教育过程中要根据教育的目的以及受教者的自身审美素质，以一种适宜的方式对审美进行教育，并将其生理愉悦转化为具有理性的高尚情操。审美教育的目的在于在教育过程中给受教育者以美的享受，让他们的心灵受到洗涤，思想上得到启发，弘扬人性中的真善美。

2. 形象性原则

审美人格的养成并非一蹴而就，而是一个循序渐进的过程，伴随着人的一生，需要长期培育而成。当然在这个培育过程中，审美人格教育的形象性能够促进审美人格在较短的时间内得到养成。审美人格教育不仅是教育的重要内容，而且通过丰富多彩的形式贯穿于学校教育全过程。在教育全过程中，从学校布局到教育环境布置，从教育到教学，从管理到后勤，从课堂内外的教育活动到教育活动中的一举一动，无不存在审美。蕴含审美设计的教育是为了实现教育目的、目标，以及更好地开展教育活动，促进学生包括人格发展在内的全面发展，是开发每一个学生多方面潜能的教育。它不仅追求学生在教育活动中知识技能的获得、体力智力的发展、审美情趣的提高，还要求受教育者形成健康的人格修养。因此，开展审美人格教育时，不能急于求成，而应坚持形象性原则。

3. 创造性原则

创造性是人的基本内容和重要特征，创造性也是审美人格应该具有的基本特征。对具有审美人格的人来说，人生就是不断地开拓、创造和升华。因此，在进行审美人格教育时，教师要注重培养学生的创造性。

审美是一种个人化的行为。由于所处的环境以及接收的信息不同，人与人之间的审美存在很大差异。不同的审美个体所处环境背景不同，审美需求、审美价值和审美能力也不同，每个人对美的认知也各有不同，正所谓各美其美。因此，在开展审美人格教育时，教师应遵循此规律，坚持创造性原则。创造性原则是在审美人格教育过程中，根据受教育者的兴趣和身心发展程度，对审美教育方法和内容加以创新，让受教育者的审美人格得到自由成长。很显然，教师要尊重受教育者的审美倾向，并加以适当引导，这样才能帮助他们构建完整的人格。不管是从教育学的角度来看，还是从教育教学的视角观察，创造性原则自有其优势。具体而言，在教育学上，创造性原则的具体体现是受教育者的主体地位得以突出，并且，教师要了解和尊重个体身心发展的差异，为他们提供必要的成长空间。对审美人格的教育教学，教师必须根据受教育者的自身秉性和他们的实际身心发展阶段，实行有区别的、有针对性的教育，使得学生按照不同的发展路径，取得最佳教学效果。概括地说，创造性原则具体地反映了教育教学中对受教育者身心发展规律的重视，这和大学生人格发展的规律是一致的。

4. 生动性原则

生动性原则是指在审美人格教育过程中，遵循受教育者的认识规律，由浅入深、循序渐进，由低到高逐渐展开。一般而言，人们认知事物的过程首先是从感性开始然后上升到理性，是一个由表及里的过程，学习也是一样。因此，审美人格教育的生动性原则就是按照由近及远、由简到繁的认识规律来组织教学的。每个人在人生的不同阶段和受教育阶段都是受自身的环境影响，如他们的心理、思想以及行为，都要经历一个逐步成熟的发展过程，在此过程中，他们的审美观会呈现各种差异。相对来说，审美观有低级和高级之分，低级的审美观自然是为现代文明所摒弃的。因此，在审美人格教育过程中，教师需要对受教育者的各种美的要素的欣赏能力予以培育，当其形成一定的审美观时，再发展为审美想象与艺术创造能力，最后塑造一种高尚完整的审美人格形态。此外，生动性原则也可以在反复的审美教育过程中得到体现。重复往往是深化感知的过程，优秀的艺术品吸引人反复欣赏，美妙的歌曲经久流传，优美的景色令人流连忘返，经典的文学作品流芳百世，每一次欣赏都会带来新的认知和感受，推动发展和进步。因此，在审美人格教育过程中，教学需要切实落实生动性原则，通过生动的审美教育、不断深化的感觉过程，塑造完善审美人格。

（二）大学生审美人格塑造的影响因素

1. 人格基础

人格的发展并不是一蹴而就的，而是循序渐进的。人格的形成与发展有必然的联系，在人格形成的初期阶段与后续发展孕育的过程是互相交叉重叠的。而审美人格作为人格发展的最高阶段，必然会受到前一阶段人格发展水平的影响。审美人格的发展是一个循序渐进的过程，是建立在前一阶段人格发展的基础之上的。人的生长像时间一样流动，不是一成不变的静物；人的成长像四季一样充满变化，而不是固定不变的固态体；人的发展好似潜藏能量的星光，不是一串数字的组成。简言之，审美人格不仅仅是人格的一种状态，更是人格养成的一个过程。人格审美化的过程是不断改进的过程，是从成长到成熟的过程，所以，前一阶段的基础必然会对后一阶段产生影响，这一点对大学生审美人格的塑造具有一定的指导意义。

2. 学校教育

教育是建构审美人格的中坚力量，教育能够影响个体的认知态度、思维方法、情感体验、行为模式等，因此，后天教育是建构审美人格的关键力量，它必须能够满足健康的精神成长要求。只有当学校与健康的精神发展的必要性保持和谐时，我们才说这是一个好学校。只有这样的学校才能被认作是社会生活所必不可少的学校。

从积极方面看，教育让个体拥有了知识。个体拥有知识就能够认识客观规律，也就拥有了掌握自身命运的能力。进一步剖析，首先，教育具有激发功能。如果一个人对审美人格无定义，那么他很有可能没有审美人格的独特素质。审美人格的特征之一是要具有创造性，教育正是激发学生的创造力的重要力量。其次，教育具有导向功能。尤其是高校自由宽松的学习形式有助于培养学生的自我学习能力，有助于学生自由个性的形成，为审美人格的养成奠定基础。最后，教育还具有调节功能，主要表现在约束与调适两个方面。高校良好的校风学风对学生的行为有一定的约束和规范作用，有利于他们身心和谐，从而引导学生形成美的思想和行为。高校的集体生活也能够引导学生建立和谐、健康的人际关系，敢于面对生活中的矛盾与挫折，增强与他人沟通交流的能力，使个体呈现出自信、和谐、超越的特质，达到审美人格的状态。但是，并不是所有的教育或所有的个体在教育中都能够进行审美人格的建构。现实中，高校对大学生的审美人格教育还存在一些不足，这就影响到大学生对审美人格的培养。

人是环境的产物，审美人格的形成当然离不开后天环境的影响。生活在相同的环境中，有的人会很好地适应新环境，而有的人表现出来的审美感受则完全不一样。举例来说，几个孩子听同一个故事，思维灵活的孩子能够从故事中得到更多的感受与启发；反之，敏感神经质的孩子则会表现出另一种完全不同的理解。在相同的生活环境中，每个孩子对事物的感受与理解都是不同的，性格活泼外向的孩子更容易接受新的环境条件，也能够很快与周围的人拉近心理距离。每个人的审美人格都是在生活的环境中形成的，在客观环境中表现出主观心理，这种主观意识就是发展审美人格重要的前提。即使同龄的孩子在相同的环境中成长，他们对环境的理解感受也是截然不同的，反应也有所差异。

（三）大学生审美人格培养要点

1. 把外部灌输和激发人的自觉性相结合

从社会学的角度来看，外部灌输就是社会教化的过程，人的自觉性过程是个体内化的过程。只有外部灌输而不注重个体内化，审美人格培养就不能达到目的。我国传统教育十分重视从小培养人的自觉性，并主张通过"修养"建立自觉意识，这是值得我们今天借鉴的有效方法。当前，"以人为本""以学生为中心"等观念，有利于调动学生人格发展的积极性，为高校的审美教育创造了条件。

2. 采取启发诱导式审美教育方法

人格的形成应当是自然的过程。美育者应当以诱导为主，逐渐引导受教育者建立健康人格。通过启发式美育方法，激发受教育者的探索热情和思考习惯，并在受教育者思考人生和社会问题达到"愤"和"悱"的临界状态下，教育者适时"启"之"发"之，就能使受教育者如"醍醐灌顶"，顿然醒悟。在高校审美教育中，教师往往作为标准和社会的化身而存在，教师的一言一行都在默默地感染着学生。无形化育的效果往往大于有形教育，正如春雨的滋润往往比暴雨的冲刷更有益于万物生长一样。

第三节　高校学生审美心理的培养

一、大学生审美心理结构

审美心理结构是指审美主体内部反映客观事物的审美特性及其相互联系的心理活动结构。它是人的生命结构的组成部分，同认识结构、伦理结构交织成人的总体心理结构或文化心理结构，并沉淀、凝结、交融于总体心理结构、文化心理结构，成为沟通、联结审美主客体，构成特定审美关系的中介、桥梁或中间环节。

首先，审美心理结构是多因素、多维度复合而成的网状结构。它由审美的认识结构、情感结构、意志结构整合而成，其中既包括审美感知、审美情感、审美意志这三种相互联系、相互作用、相互渗透的审美心理内容或意识内容，构成了人的具有特定社会内容的审美意识，如审美观念、审美趣味、审美理想等，又包括审美直觉活动、想象活动、理解活动、情感活动、意志活动以及审美潜意识、下意识活动等基本的审美心理形式，这些基本心理形式因素之间既有递进、转换关系，又有相互交叉、叠合和积淀交融的关系。同时，这些心理内容、心理形式既是审美心理活动的方式，又以各自相应的生理结构系统为其生理机制，伴随着各种感官系统、神经系统、大脑皮层系统以及呼吸、血液、运动、消化、内分泌腺等系统的综合运动，并在生理反应中获得表征，形成了审美的生理—心理运动系统。此外，审美心理活动既是对客体审美特性的反射、反应，又有自控、自调的内部调节机制，发挥感知对象、定向选择、情感转移、想象创造和调节生理运动、外部行为的功能，使人既成为审美的接受主体，又成为创造主体。所以，审美心理结构是一种生理机制与心理机能、心理内容与心理形式、接受机制与创造功能等要素相互交织、相互作用、有机统一的多维的复合网络。

其次，审美心理结构是诸心理要素多层次组合而成的整体性结构系统。它包含着意识与潜意识、直觉与思维、理智与情感等表层的和深层的心理内容、心理形式。在审美心理形式中，既有直觉层次，又有想象、理解、情感、意志和潜意识的层次，而这些层次中又有若干具体、细微的层次。例如，审美直觉中有审美感觉、知觉、表象、错觉、幻觉等层次；审美思维中有分析、综合、判断联想、想象、理解、推理、意会等层次；审美情感中有心境、热情、激情、激应等层次。在审美心理内容、意识内容中，审美的知、情、意是种有序的多层次结构，而在知、情、意内容中，既有个体的、个性与群体的、全人类的，现实与历史的不同层次，又有政治的、经济的、伦理的、文化的等不同层次，从而构成审美意识内容的层次序列。同时，在审美心理形式、心理内容的各种不同层次之间，以及审美心理形式诸层次与心理内容诸层次之间，又相互渗透、相互生成、相互推进和相互转化，从而使审美心理结构成为诸要素有序组合的多层次的综合结构。

最后，审美心理结构是动态的动力结构。一方面，无论是个体的还是群体的、全人类的审美心理结构都处于历史发展中，都随着特定社会历史条件和特定机遇、环境、对象以及自身实践的变化、发展而恒新恒异，都是既有相对稳定性，又有历史发展性，并处于不断完善化的过程中。另一方面，每个个体在面对某个特定审美对象时，他的审美心理活动过程都经历了由审美直觉到思维，由接受到创造的过程，在这复杂的运动过程中，审美心理结构便随之得以改组和重构。一定的审美心理形成之后，各形式、各要素、各层次相互作用，形成多阶段、多起伏、多节奏的活动状态，既有审美感受的初始，又有审美高潮的到来，还有审美延留的余波；既有喜怒哀乐的情感活动，又有想象联想的创造补充，还有理解领悟的价值判断；既有张弛疾徐的心理节奏，又有由浅入深的领悟理解，还有起伏多变的心理流向。从审美实践来看，人们面对美的对象，如一幅画、一首乐曲、一部电影或一部小说，总是由审美的动机需要导向积极的审美注意。审美注意的发生，实际上便中断了日常的生活心理，从而引发审美感知、审美想象，灌注审美情感，作出审美的理解判断，最终获得精神的愉悦和情感的满足，并因此而强化和丰富、完善一定的审美心理结构，不同的个体也会因之而形成习惯性审美心理或审美心理定势，并对特有的审美对象有特殊的灵敏感受和直觉把握。例如，长期的音乐艺术实践形成特有的音乐爱好和鉴赏力，"操千曲而后晓声"的结果，使人对音乐的审美心理情有独钟，且想象活跃，感受和理解似乎天成。其他艺术实践或审美实践亦如此。笔者认为，在审美心理动态结构中，主要的动力性因素是情感，主要的动态展开形式是想象。所以，审美心理结构不是固定不变的常数，而是变动不居的函数。

因此，审美心理结构是种多因素、多维度、多层次整合的动力结构系统，正是通过这种心理结构的中介，才使对象的诸要素、诸维度、诸层次相整合，以整体性系统结构的方式作用于人的大脑，成为人的审美对象，也正是通过这种心理结构的中介，才使人有可能全面地、发展地、创造性地把握对象、改造对象，从而成为审美、创造美的人。

二、大学生审美心理特征

（一）敏感性

大学生思维活跃、敏捷，充满青春活力和激情，对新鲜、美好的事物充满渴望，这使他们极易被美的事物所吸引、所感动，其审美心理有很强的敏感性。这种敏感性是由认识能力的加强、文化修养的提高和自我意识的增强决定的。

大学生正处在脑细胞建立联系的上升期。经过教育训练，特别是专业课学习，皮层细胞活动的数量迅速增加，大脑皮层发育在一定程度上处于"飞跃"状态。具体表现为视觉、听觉的高度敏感，这就使得他们能从普遍存在的、司空见惯的事物中很快捕捉到美的对象。而内分泌的生长，又会使大学生的兴奋情绪增强，他们对来自外界的感官刺激，常常会作出迅速的反应。在他们的眼里，任何平常的自然景色都充满生机，使他们心旷神怡，产生美感。大地从冬眠中苏醒、江河解冻、河水流动、草木凋零、候鸟迁徙、秋雨连绵，这些景象都会引发他们对美好生活的遐想。一段优美的旋律，一行充满哲理的诗句，一朵墙角的小花，都会引起他们的感知注意，甚至激起久久不能平息的审美愉悦。由于认识能力的提高，他们愿意透过客观事物的外在形式而领悟它们内含的生命意义，这种探索进一步增强了他们审美的敏感性。

大学生都有较高的文化艺术修养。他们的审美视野开阔，在古今中外的优秀文化艺术作品中吸收了较多的审美经验，培养了比一般青年更多的艺术感觉，因此他们的艺术感觉比较灵敏，审美理解也比较深刻。在审美过程中，他们往往能从客观世界发现被其他人所忽略的对象，或在对象中发现不易被人注意的某些美的特征。一片黄叶翩然落地，一些人根本不会在意，但是对读过泰戈尔的诗句"生如夏花之烂漫，死如秋叶之静美"的大学生来说，那一片黄叶是一个生命体，他们可以从秋叶的飘落联想到人生的意义。

随着文化修养的提高，大学生的自我意识日益增强。兴趣、能力、性格情感、意志道德和行为都在自我意识觉醒的基础上趋向成熟。他们要不断地了解自己，不断地进行自我评价和自我教育。像"我是谁？我从哪里来？我到哪里去？"这样的问题，只有自我意识特别强烈的个体才会提出来。大学生时刻带着这些问题，并将它们放置到每一个客观事物中去观照。于是他们要在所有美的对象中观照自身。面对美的对象，他们总是将自己丰富的情感和意识渗透其中，去探询人生的秘密。所以，他们的审美感受要清晰得多、敏感得多。

（二）浪漫性

大学生审美心理的浪漫性是由文化素养的提高，青年时期对未来的憧憬与富于想象决定的。文化修养的提高培养了大学生的浪漫情怀。

文化修养对审美活动的影响是显而易见的。在审美活动中，审美主体随时随地都在调动着自己头脑中早已储存的审美经验，通过情绪记忆的信息系统，传递给审美对象，从而挖掘出审美对象本身的美的本质。头脑中储存审美经验的多少，决定着审美感受的强弱。

大学生正处在学习阶段，大学有藏书丰富的图书馆，有得天独厚的美育设施，有丰富多彩的业余生活和各种艺术活动。他们通过这些活动满足了对美的探索和对美的创造的渴望，也开拓了崇高的精神境界，丰富了审美经验。同时，大量的阅读也使他们汲取了许多音乐、绘画、文学、舞蹈、戏剧等方面的知识，他们在大脑中储存了许多前人的审美经验。当接触到审美对象时，他们会自然地调动这些经验，加上丰富的想象，从而创造出许多浪漫的新形象。

青年时期对未来的憧憬，也使大学生的审美意识充满浪漫性。大学生正处在走向人生的准备阶段。因为他们的人生还是一个未知数，他们在心里对未来勾勒出无数幅美好的蓝图。他们追求纯洁的爱情，忠贞的友谊，崇高的事业，无悔的人生。于是他们能在一切进入他们视线的事物中找到这种追求的参照物。

大学生正处在人生"多梦"的年龄，最富于想象。想象是一种自由和自主的心理活动。通过想象，主体可以按照自己的意愿主动地、自由地建构对象，创造形象。由于生活的挫折，成年人会主动放弃许多不可能实现的梦想。他们并不是不知道怎样更美好，而是感觉既然不能实现，就不如不想，久而久之拥有这种梦想的能力就减退了，他们的更多精力被"现实生活"所牵扯，但青年人却不这样，较高的文化素养，历史感的形成，审美能力的发展，加上较多的自由支配的时间，使他们的审美活动已不再单纯地满足于现实中的审美对象，他们开始转向对艺术的强烈渴望。这种审美意识艺术化的倾向，使他们的审美活动开放而浪漫。

（三）强烈性

大学生审美感受的强烈性，是由青年时期的心理、生理特点决定的。青年人对外界刺激特别敏感，所以能迅速作出情绪反应，但是由于青年人自我调节能力和自我控制能力相对较差，他们往往表现出大喜大悲的强烈情感。心理学家认为，外界刺激是一种能使人的感官引起活动的力量，而新的刺激所引起的感官反应必然强烈。大学生正处于生命发展变化最快的时期。作为一个刚刚迈入社会的新人，他们开始接触社会、环境、人际、爱情等方面的问题，这些人生道路上的新问题会引起他们强烈的情感反应。一个小小的成功，可能会使他们陷入全身发抖的狂欢之中，一次小小的打击也可能会使他们痛不欲生。他们一时会感到自己是天之骄子而昂首挺胸，一时又会为自己的一次失败而捶胸顿足。这种情感表达的强烈性是青年心理的突出特征。

大学生正处于人生精力最旺盛的时期。他们的各种感觉器官的感觉能力都超过了成人水平，知觉和认识能力得到了高度发展。由于精力旺盛，活动能力增强，活动范围扩大，他们产生了强烈的探索世界奥秘的好奇心。凡是新鲜的、奇特的、活动变化的事物，都会引起他们的兴趣。"平凡"是他们这一时期最不能接受的。他们喜欢造型、色彩奇特的美术品，爱听旋律激烈的音乐，爱读惊心动魄的小说，爱看惊险刺激的电影。惊心动魄的场面、千钧一发的时刻，往往能扣动大学生的心弦，使他们大脑皮层一直处于兴奋状态。

（四）独特性

大学生审美的独特性，是由他们自我意识的增强、大胆的探索精神和丰富的想象力决定的。大学生离开家庭进入大学，普遍有了强烈的"成人感"。自我意识增强，自尊心强烈，独立思考的能力提高，使他们对周围的一切都有了自己的看法。他们喜欢争辩，好怀疑，不轻信，不愿盲从，思维中有较多的批判意识。他们不愿寻求现成的解决办法，敢于大胆发表自己的见解。当自己的一些想法得到周围人的支持、赏识时，他们就会信心百倍地去将自己的想法付诸实践。大学生这种思维的独立性，表现在审美活动中，就是他们审美的独特性。在社会中我们可以看到，一种新的艺术形式，往往青年人最先接受它。当一款新潮衣服流行时，总是青年人最先穿在身上。一种新的艺术样式的出现和发展，总与青年人的喜爱与否有很大关系。

"标新立异"是青年人追求的行为。这种独特性是可贵的，它能够引导青年学生去探索、发现科学奥秘，去创造独特的艺术形象。这种独特性很多时候表现在他们的冒险精神方面。许多前人未曾发现的审美客体都是青年人在这种"突发奇想"的冒险中发现的。

这种独特性也表现在大学生大胆的想象方面。青年时期往往是自信心最强，想象力最丰富的时期，丰富的想象力是审美活动中最能动的力量。

当我们了解了大学生审美心理的特殊性之后，就应该自觉地扬长避短，去培养他们灵敏的审美感知能力，训练他们感受美的眼睛和欣赏音乐的耳朵，促使他们积累审美经验，提高审美趣味，进而使他们成为"审美的人"。

三、大学生审美心理的培养路径

（一）提高教育者的审美心理培育能力

高校教育者审美心理培育能力的高低对大学生审美心理发展的影响最直接、最有效。素质过硬的教育者能够促进大学生审美心理朝着健康的方向发展，同时可以为大学生指点迷津，使他们少走弯路。故提高教育者的审美心理培育能力，健全考核机制对大学生审美心理培育至关重要。

1. 加强教育者的审美心理培育能力培训

高校教师是高校开展各项教育活动的重要组成部分，是教育教学的主体，也是主要实施者，教师自身的审美素养和审美心理培育能力的高低直接关系到高校大学生审美心理培育的成效。因此，加强对教育者的审美心理培育能力的培训十分关键，只有能力强、水平高的教师才能做学生心灵上的引路人。教育者的审美心理培育能力直接影响大学生审美心理培育工作的实施。如果教育者本身审美心理知识匮乏、审美意识淡薄、审美能力不高，那么他们又如何做到发掘美、传播美。所以对教育者审美心理培育能力的培训尤为重要。加强对教育者审美培育能力的培训，促进教师审美心理知识的积累，提升理论水平，强化审美意识，重视对大学生审美心理的培育才能更好地实施审美心理培育工作，才能使得审美心理培育的教育者以审美的态度传授于学生审美的技能，从而进一步推动大学生审美心理的养成和发展。

2. 健全教育者审美心理培育能力的考核机制

没有健全的考核机制，学校便无法对教师审美心理培育能力进行考核评估和监督，这在某种程度上大大影响了审美心理培育的教育者的积极性；没有健全的考核机制，评价没有依据，容易造成无法详细了解教育者培育能力，教师对大学生审美心理培育的重视程度不高，在施教过程中走形式、马马虎虎的情况，严重影响施教过程中对大学生审美心理培育的成效。因此，高校应建立健全对教育者审美心理培育能力的考核机制，加强对教师的考核，教师也要不断地学习和提高审美心理培育的理论水平和施教能力。这就需要对教育者审美心理培育能力的考核进行严格把关，确保各个环节的严谨、科学，从而有效提高审美心理培育教育者的施教能力。

（二）督促受教育者审美心理的自我培育

审美心理培育的教育者可以起到承上启下的衔接作用，但是这些还远远不够。大学生作为审美心理培育的受教育者的自我培育也是十分关键的。由于受教育者对自身审美心理成长的忽视产生的问题尤为突出，督促受教育者审美心理的自我培育，提升自身审美境界和审美素质，对提高大学生审美心理培育大有帮助。

1. 提升自身精神境界

高校教育的目的要求大学生不仅要具备应有的专业技能，还要具有健全的人格。大学生审美心理培育的出发点就是要塑造大学生健全的人格，使学生获得全面和谐发展。大学生应该做一个有理想、有信念、有一定精神境界的人，并能够通过自身的不断学习，提升自己的审美境界。大学阶段正是大学生精神成长的关键时期，时代赋予他们艰巨的任务，要求他们学会生存，不怕困难，敢于拼搏，顺应时代的发展要求。在成长的路上当面对迷茫和困惑，面对善恶美丑的抉择时，一定高度的精神境界能够使大学生保持清醒的头脑，为其指明前进的方向。

我国拥有五千多年的文明历史，从古至今积淀了很多宝贵的精神财富。大学生应该继承和发扬中华民族的传统美德和优秀历史文化，学习传统文化可以提升自身内涵和精神境界。大学生学习传统古典文学是一个比较好的选择。传统古典文学和美育的关系密切，大学生通过了解古典文学作品，获得的不仅是知识，更是一种美的享受；同时，还可以提高审美情趣，接触到另一种精神境界，自觉地感受和体验其中的人格精神，这对自身形成高尚的审美素养有很大的促进作用。学习历史人物的爱国主义精神，可以使大学生产生审美共鸣，有助于他们完善自我，激发百折不挠、不怕吃苦的精神，以一种较高的精神境界去审视自身与他人、社会、自然关系中的美，从而建构完整的审美心理。

2. 提升自身思想道德素质

当代大学生正处在思想成长过渡的特殊时期，心智成长还不够成熟，思想特别活跃还不够稳定，极易受到外界因素的影响。处于如此特殊的时期往往难以把握审美尺度，所以大学生提升自身的思想道德素质、把握审美尺度就显得尤为重要。在审美过程中，自身的思想道德素质出现了偏差，审美心理就容易产生扭曲和倾斜。大学生审美心理的培养必须以真善美的和谐统一为尺度。要想达到这一标准，大学生就要具备崇高的思想道德素质，要做到知行统一，严于律己，勿以善小而不为，勿以恶小而为之，用亲身行动去感受美、传播美。思想道德素质包含世界观、人生观、价值观、道德观等内容，这就要求大学生要从多方面锻炼自己、提高自己。

大学生应该意识到高尚的思想道德素质也是一种美，每个人都是美的缔造者和传播者，审美不单单局限在冲击视觉的外在美，还有源于内心的内在美。事实上，思想道德品质可以映照出一个人的审美境界和审美能力，因为在审美心理作用下，对美丑的辨别也要基于本身道德标准去判定。大学生要想牢牢把握住正确的审美尺度就要争做有理想、有道德、有高尚情操的人，并自觉提高自身的内在，处理好身边的人、物、事的关系，积极参与到审美活动中发现美和传播美。

3. 提升自身人文素养

大学生审美心理是指以大学生为审美主体，在审美实践中面对审美客体即审美对象通过审美主体的感知、想象、理解、情感等要素的相互作用，在审美体验中获得美的过程。所以，作为审美主体的大学生，自身的文化素养至关重要，大学生自身人文素养的高低与其具备何种审美观和审美能力息息相关。审美能力是一种综合能力，反映了个人的文化素养。

人文知识是人类社会传承下来的文化精髓和宝贵财富，它强调人的道德、精神，注重对善与美的理解，引导人们求真、爱美、从善，在陶冶人、教育人方面有不可替代的作用。大学生要想具备完善的审美心理，提高审美能力，必须具有一定的人文素养、知识储备、生活经历，以及其他方面的实践能力。因为具有一定的文化底蕴和知识储备可以使得大学生思想更加开放，思维更加活跃。在审美过程中，他们可以充分发挥自身的感知力和想象力，从而获得更彻底的美的体验。大学生走进大学的第一要务就是学习科学文化知识，掌握专业技能，只有不断地学习，才能丰富自己的头脑，用知识武装自己的同时还可以开阔视野，使得思想不受愚昧思想的禁锢，增强自身对美的感受力和对美的本质的理解力。大学生可以通过学校开设的美育课程，组织的各种文体活动、知识讲座等汲取审美知识，以实现德、智、体、美全方位的发展目标；同时，高校还应该在课程设置上进行优化，可以从传统文化、历史、政治、文学、艺术等人文社会科学方面进行教育。人文素养影响着一个大学生的思想发展方向，应该始终将其贯穿和渗透在其他学科的教育教学中，使得大学生文武双全，从而提升他们的人文素养。

（三）整合大学生审美心理的培育内容

将有关审美心理培育的内容进行科学整合，整齐划一，提高审美心理培育的综合实力。梳理现有的审美心理培育内容，同时引入最新的审美心理培育的研究成果，为大学生审美心理培育注入新鲜血液。

1. 梳理现有的审美心理培育内容

大学生审美心理培育内容比较分散，我们应当对现有的内容进行相应整理，使其具有一定的条理性。这样既有利于大学生审美心理培育的开展，也有利于教师的教授和审美心理培育能力的提高，更有利于审美心理培育内容的科学性。

首先，将现有的审美心理培育内容规整类别，便于审美心理培育课程的设置和安排。当前已有的审美心理培育内容清晰，对大学生的培育就有了方向，也就会逐渐丰富审美心理培育内容，使其免于陈旧枯燥。

其次，如果审美心理培育内容的脉络清晰，在教授的过程中，教师就会有重点地培育，同时，也会提高对学生的审美心理的培育能力，教师就会针对性地对不同年龄、不同年级安排教授审美心理的培育内容。

最后，对现有的审美心理培育内容进行梳理，保留审美心理培育内容的精华部分，剔除糟粕部分。在快速发展的当代社会，审美心理培育内容要跟上时代的步伐，要随时去除陈旧的内容，以使审美心理培育内容对大学生产生吸引力。在不断去伪存真过程中，审美心理培育内容要逐渐变得具有科学性，以适合大学生审美心理的培育。

2. 引入最新审美心理培育的研究成果

美学教学应当关注和充分吸收美学研究的最新成果，不断更新和丰富教学内容。审美心理培育作为审美教育的一部分，它的最新研究成果更应被时刻关注，因此，审美心理的培育内容应该不断满足大学生审美需要，只有这样才能使大学生审美心理培育紧跟时代步伐，大学生才能对审美心理产生兴趣，从而树立审美心理自我培育意识。

关于学校方面，高校应当关注并引进最新的审美心理培育的研究成果，将其整理成教师审美心理培育培训内容，这样可以使教师掌握审美心理培育的最前沿资料。关于教师方面，教师应当把当前掌握的最新研究成果总结出来并传授给学生，使学生不断地丰富审美心理知识。

参考文献

[1] 徐若梦. 美育漫谈 [M]. 北京：九州出版社，2022.

[2] 蔡元培. 美育人生 [M]. 北京：中国画报出版社，2022.

[3] 陈沛捷，黄斌斌，吴樱子. 大学美育 [M]. 北京：清华大学出版社，2022.

[4] 倪淑萍. 气韵生动传统美育 [M]. 北京：电子工业出版社，2022.

[5] 郑筱筠，黄妮妮，马仲吉. 大学美育教程 [M]. 苏州：苏州大学出版社，2021.

[6] 刘美辰. 大学生美育教学研究 [M]. 合肥：黄山书社，2021.

[7] 周翠. 高校美育德育的当代发展研究 [M]. 北京：中国纺织出版社，2021.

[8] 李彩霞. 走向美育的文学研究与实践 [M]. 长春：吉林人民出版社，2021.

[9] 刘畅，杨莎莎，刘芬. 美育视野下的艺术教育教学研究与实践 [M]. 长春：吉林人民出版社，2021.

[10] 杨景芝. 润物细无声：谈家庭美育 [M]. 武汉：湖北美术出版社，2020.

[11] 彭富春，陈晓娟，魏勇. 美育研究 [M]. 武汉：华中师范大学出版社，2020.

[12] 庞亚卓，阎安，马永健. 美育教程 [M]. 广州：广东教育出版社，2020.

[13] 胡燕，张利平. 新时代美育教育研究 [M]. 长春：东北师范大学出版社，2020.

[14] 徐承. 比较视域中的美育哲学 [M]. 上海：上海三联书店，2019.

[15] 彭立勋，陈鼎如，汤文进．美育辞典 [M]．南昌：江西教育出版社，2018.

[16] 吴东胜．美育通论 [M]．广州：暨南大学出版社，2018.

[17] 郑萼．美育理论的当代视野 [M]．北京：首都师范大学出版社，2018.

[18] 李金生，魏睿．美育视野下的美术教学研究与实践 [M]．哈尔滨：黑龙江美术出版社，2018.

[19] 邓韵．马克思主义理论教育中的美育实践研究 [M]．武汉：湖北美术出版社，2021.

[20] 蔡熙．高校美育实践的新路径与新课程 [J]．新课程教学（电子版），2022（22）：171-173.

[21] 宋洋．实现自主发展，成就美育实践之路 [J]．南北桥，2022（12）：154-156.

[22] 谢江林．新时代学校美育的实践范式追求 [J]．教育科学论坛，2022（1）：71-74.

[23] 莫莉．谈中华美学精神的美育实践 [J]．中学语文教学参考，2021（28）：40-42.

[24] 李晓艳．新时代高校美育实践路径探索 [J]．时代报告（奔流），2021（6）：118-119.

[25] 黄连花．新教育理念下美育的实践与思考 [J]．新课程，2020（21）：47.

[26] 张筱蕾，田海滨，杜桂萍．高校美育与实践探究 [J]．环球首映，2020（3）：66.

[27] 张琼芳，朱明源．中华优秀传统文化视域下的学校美育实践 [J]．湖南教育（D版），2020（48）：20-21.

[28] 张艳丽，贾童谣，唐楚虹．新时代高校美育实践的路径探索 [J]．当代教育实践与教学研究（电子刊），2020（15）：90-93.

[29] 刘亚斌．新时代高校传统美育的实践探析 [J]．黄河·黄土·黄种人，2020（11）.

[30] 曹斐．高校美育实践教学新导向的探索［J］.ViVi 美眉，2020（10）.

[31] 杨怀靓．浅谈论高校美育课程体系构建路径［J］.教育科学，2022（02）.

[32] 杨怀靓．公共艺术教育多元空间的构建和实施路径探索［J］.卷宗，2023（05）.

[33] 杨怀靓.基于功能性视角的家具设计路径探索［J］.包装工程，2021（06）：232-234.

[34] 杨怀靓.纸质家具及其发展研究——评《纸质包装结构设计》［J］.中国造纸，2019（12）.